The Hungry Mind
The Origins of Curiosity in Childhood

儿童的好奇心
保护早期学习的最初动力

［美］Susan Engel 著

杨恩慧 译

中国轻工业出版社

图书在版编目（CIP）数据

儿童的好奇心：保护早期学习的最初动力／（美）苏珊·恩格尔（Susan Engel）著；杨恩慧译. —北京：中国轻工业出版社，2021.12

ISBN 978-7-5184-3536-4

Ⅰ.①儿… Ⅱ.①苏… ②杨… Ⅲ.①学前教育－教学参考资料 Ⅳ.①G613

中国版本图书馆CIP数据核字（2021）第132415号

版权声明

The Hungry Mind: The Origins of Curiosity in Childhood by Susan Engel
Copyright © 2015 by the President and Fellows of Harvard College
Published by arrangement with Harvard University Press
through Bardon-Chinese Media Agency
Simplified Chinese translation copyright © 2021
by Beijing Multi-Million New Era Culture and Media Company, Ltd.
ALL RIGHTS RESERVED

总 策 划：石 铁
策划编辑：张天怡　　　责任终审：张乃柬　　　责任校对：万 众
责任编辑：张天怡　　　责任监印：刘志颖

出版发行：中国轻工业出版社（北京东长安街6号，邮编：100740）
印　　刷：三河市鑫金马印装有限公司
经　　销：各地新华书店
版　　次：2021年12月第1版第1次印刷
开　　本：710×1000　1/16　印张：15
字　　数：154千字
书　　号：ISBN 978-7-5184-3536-4　定价：52.00元

读者热线：010-65181109，65262933
发行电话：010-85119832　传真：010-85113293
网　　址：http://www.chlip.com.cn　http://www.wqedu.com
电子信箱：1012305542@qq.com
如发现图书残缺请拨打读者热线联系调换
210474Y1X101ZYW

译 者 序

　　儿童生来就有好奇心。好奇心是儿童自我表达的方式，也是儿童探索和理解世界的方式。儿童对于求知的渴望、对于探索的兴趣、对于学习的热忱……无不起源于好奇心，同时儿童每一步的发展成就也无不依赖于他们的好奇心。可以说，好奇心就是儿童早期发展的引擎，它为儿童身心发展提供了充足的动能。但在实际的教育教学过程中，教育者往往存在着口头上重视好奇心，而实践中忽视甚至压制好奇心的矛盾心态。一方面，我们将好奇心视为一切进步的源泉；另一方面，我们又将好奇心视为一切邪恶的源泉。想一想潘多拉的魔盒和伊甸园的夏娃，就能够理解了。也就是说，好奇心是存在风险的。我们担心儿童的好奇心扰乱正常的教学秩序，影响日常教学任务的完成和教学目标的实现；我们担心儿童学不到我们想让他们学习的东西……所以，我们自然就喜欢问儿童问题而不喜欢鼓励儿童问问题，我们喜欢规避风险而不喜欢鼓励儿童冒险，我们喜欢标准答案而不喜欢不确定性，我们喜欢控制而不喜欢放手……

　　但本书作者强调，好奇心可以而且应该成为课堂学习的中心。好奇心应成为教育的目标而不是教育的副产品。本书即是在充分肯定好奇心的中心地位的基础上，追踪儿童好奇心的发展历程、探讨儿童好奇心的展开方式及探寻儿童好奇心的培养路径。

　　关注儿童的好奇心，需要善于捕捉儿童的好奇心。但作为一种内在冲动，好奇心是无形的、难以捕捉的。有时候，这种内在冲动炙热且易于觉察，可是更多时候，它会被一些其他的想法、情绪或冲动掩盖。因此，如何发现与捕捉儿童的好奇心就成为本书首先探讨的一个问题。作者认为，儿童的好奇心是有多重面孔以及多种展开方式的。摆弄物品、探索自然、不知疲倦地问问题、八卦及阅读等都是儿童好奇心的表现，同时也是儿童满足自身好奇心的方式。而且作者强调，儿童的好奇心是存在个体差异的。有些儿童充满好奇心，有些儿童则好像对什么都兴趣寥寥；有些儿童对所有事物都抱有热情，有些儿童则只对某些事物感到好奇；有些儿童热衷于摆弄，有些儿童则热衷于提问、阅读和八卦。

关注儿童的好奇心，需要理解儿童好奇心的发展历程。很多人好奇，为什么随着儿童年龄的增长，好奇心这种普遍存在于婴幼儿身上的品质好像逐渐退化了？这是否意味着好奇心会随着年龄的增长而逐渐减弱呢？儿童好奇心的发展有着怎样的发展历程？会受到哪些因素影响？针对这些问题，作者以自身成长故事为例，循序渐进地向我们展开了一幅有关儿童好奇心发展的完整图景。作者认为，从某种程度上来说，好奇心随着年龄的增长而减弱是正常的。因为好奇心源于对意外的、不理解的事情进行解释的一种冲动，随着儿童年龄的增长，他们对周围世界的了解越多，相应地能引发他们兴趣和好奇心的事物也就越少。一旦熟悉了日常生活中的事物后，儿童就会注意和探索一些更微妙的惊喜和更意想不到的事物细节。同时，儿童好奇心的发展存在个体差异，也就是说，每个儿童好奇心的发展都带有其自身成长经历的印记——亲子生活的印记、家庭生活的印记以及学校生活的印记。而家庭环境、学校环境、成人（主要是父母和教师）对于儿童探索行为的态度和反应，以及成人自身对于周围环境的兴趣、探索和解释等都会在很大程度上对儿童好奇心的发展产生影响。因此，作者强调要重视教师的作用，并提出父母就是孩子的讲解员等观点。

关注儿童的好奇心，还要探索儿童好奇心的培养策略。爱因斯坦（Einstein）曾将研究问题的好奇心比作脆弱的幼苗，他认为这样的幼苗除了需要鼓励之外，主要还需要自由。作者认为，对教育者来说，除了要给予儿童探索与发现的自由之外，培养儿童的好奇心还需要从以下方面入手。

第一，让教室里充满复杂性和不确定性。一味地简化教学、降低学习难度并不会激起儿童的好奇心，儿童好奇心的激发需要教育者提供有趣的材料、引人入胜的细节以及适宜的挑战。例如，让儿童接触语言和人物关系比较复杂的图书、操作方式比较复杂的机器或玩具等。

第二，将提问作为教育活动的目标而不是副产品，同时要给予儿童寻求答案的各种方法性指导。教育者要鼓励儿童提出他们所遇到的任何问题。但如果只是鼓励儿童提问，而不帮助他们寻求问题的答案或充实知识体系，那么教育就只成功了一半。作者认为，教育者还要能够引导儿童学习通过讨论、网络搜索等方式寻求问题的答案，享受好奇心得到满足的快乐。

第三，通过课程或对话记录来观察、统计和分析儿童的问题。也就是说，教育者要善于"数算"儿童的好奇心，而且要通过录音、录像等有效的方式来"数算"，因为记忆和预感是会产生误导的，精确而有条理的数据收集工作才能使教育者了解到一些与预感相悖的东西。

第四，聘请有好奇心的教师。儿童的好奇心会受到成人语言以及行为方式的影响，只有拥有好奇心的教师才能培养出拥有好奇心的儿童。

全书章节结构清晰，内容阐述夹叙夹议。书中每一章均以作者自身的成长故事开启，生动形象、代入感强。同时，每一章引用了大量有关好奇心研究的权威案例来阐述儿童好奇心的相关问题，视角多元、论证充分，在帮助读者深入理解作者观点的同时，拓展其有关儿童发展方面的知识与视野。总之，该书是一本难能可贵的儿童好奇心研究专书，值得儿童教育工作者、儿童教育研究者以及各位父母细细品读。

最后，本译著受到了江苏省高校"青蓝工程"优秀青年骨干教师项目及优秀教学团队项目的支持与资助，在此表示感谢！

杨恩慧

2021 年 4 月

前　言

　　我对于好奇心的好奇始于课堂。在一所小型实验学校中，我与一群教师一起工作，试图帮助他们确定这一年的教育目标。自从《不让一个孩子掉队》（No Child Left Behind）法案颁布以来，教师们每每聚集在一起就会对小学生标准化考试提出异议。他们坚持认为，儿童能够解答的除法问题的数量、正确拼写单词的数量并不能用以评判教师正在努力教给儿童的内容。我请教师们详细地说一说，如果不教拼写、除法、段落理解或历史知识，那么要教什么呢？虽然他们给出的答案各式各样，但是我发现在他们叙述的所有事情中有一条共同的线索，即"对学习的渴望""对新知识的兴趣""对发现的渴望"以及"好奇心"。政府想要儿童了解一些事情、能够做一些事情，而教师希望儿童充满好奇心。但是，有个问题一直在我的脑海中盘旋：课堂上发生的事情真的会让儿童拥有更多好奇心吗？几个月以后，在参加儿童发展研究协会（the Society for Research in Child Development）两年一次的会议期间，我漫步于美国明尼阿波利斯市的街道。会上所有有关实验、编码系统以及统计的讨论让我突然明白，我们正身处这样一个社会：我们所测试的正是我们所看重的，而我们所看重的也正是我们所测试的。例如，如果我们测试的是计算和词汇，那么计算和词汇就会成为我们所要教授的内容。而如果我们重视的是计算和词汇以外的其他东西，那么我们最好先弄清楚如何去测试它。如果培养好奇心是教育过程中的一项重要目标，那么我们应该对它进行测试。我认为,我将提出一个测试好奇心的方法(鬼才相信)。

　　这已经是十多年前的事了。从那时起,各种有趣的挑战就摆在我与那个想象中的好奇心测试之间。我需要更好地了解,儿童的哪些言行举止可能被视为好奇的表现?我必须弄清楚,好奇心是否会随着儿童年龄的增长而增加或减少?我还必须要解决这样一个问题,即好奇心到底是个体的一种内在的、稳定的特性,还是一种对每个人来说都会依情况变化而增强或减弱的特性?另外,我需要弄清楚,求知欲是否只是个体智力的一种功能,是什么将婴儿的好奇心与科学家及其他成人的好奇心联系起来的?

　　随着研究的逐渐深入,我开始收集数据,一幅好奇心的发展图像也开始浮现出来。本书展现了我对于好奇心发展的看法。然而,在我多年的研究过程中,另一幅不那么乐观的图像也开始浮现出来。我发现,儿童的好奇心在学校里受到压制,我还发现一些人们所普遍持有的迷思和偏好默默地助长了这种压制过程:(1)包括教师在内的大多数人,都缄默地认为有些儿童是有好奇心的,而有些儿童没有。他们并不认为,好奇心可以通过积极培养或传授而生发。(2)尽管大多数人都认为好奇心是一件好东西,但是当需要在好奇心与顺从之间做选择时,教育系统还是会倾向于选择顺从。(3)很多人认为,只有优秀的教师才能激发学生的好奇心,平庸的教师则不会。但事实上,学生的好奇心的激发与教师的优秀与否并没有多大关系。

　　在讲述我自己的成长故事时,我想说明的是,所有正常发育的婴儿一开始就具有某种明显的特征,后来往往逐渐式微,并开始表现出儿童自身经历的印记——与父母在一起的经历、家庭生活的经历以及学校生活的经历等。换句话说,这种对于发展性的描述,有助于解释为什么幼儿身上普遍存在的一些品质到了他们上小学的时候却难以再被发现了。然而,具有讽刺意味的是,好奇心是智力成就的关键,这一点比以往任何时候都更明确。具有好奇心的人比不具有好奇心的人学得更多，而人在有好奇心时比没有好奇心时学得更多。上述两种情况是不同的，但都是正确的，它们对于弄清楚是什么阻碍了学校激发学生的好奇心以及我们可以为此采取哪些措施至关重要。

与教师的谈话让我一不小心陷入了好奇心研究的"无底洞"。10年前，当我开始研究好奇心时，关于这个话题的研究还非常少，这令我既欣喜又沮丧。欣喜的是，我无意中发现了一些需要实证检验的东西，而且这些东西未被彻底研究过。沮丧的是，好奇心这一重要品质一直以来竟被发展心理学和教育心理学领域相对忽视了。我想知道，我们怎么会对这么重要的事情知之甚少呢？然而，随后10年中发生的两件事改变了这一点，其中一件发生在好奇心研究领域，另一件发生在我的脑海中。

在好奇心以及它的"近亲"——兴趣的发展过程中，经验兴趣（empirical interest）正在蓬勃发展。很明显，意识到我们需要了解更多这方面信息的人不止我一个。当前，这个话题在期刊以及会议上引起了激烈的讨论。

与此同时，我看到实际上有大量的资料在论述这个话题，虽然它们很少被定义为关于好奇心的研究。大量研究证明，好奇心对于儿童的发展至关重要。例如，有关依恋的研究将对环境的探索作为一个因变量；旨在确定学业成就根源的研究发现，好奇心既是学生日后学业成功的预测因素，又是学生取得学业成功的原因之一；智力研究将对新奇事物的反应作为一个关键组成部分。换句话说，关于儿童发展的几个最主要的研究方向都以某种方式依赖于好奇心。有人可能会说，好奇心如此重要但几乎又是无形的。在这里，我的目的不是详尽地阐述所有可能的相关研究，而在于尽力追踪好奇心的发展。为此，我进行了广泛的研究，经常调查那些可能从未考虑过自己的工作与该主题相关的人。我试图构建一个引人注目的经验型故事来说明好奇心是如何发展的，我希望这个故事可以引导读者获得一些有关如何在学校里激发学生的好奇心的想法。

  接下来，我对本书的结构进行简要解释。本书的每一章均包含三个相互融合的部分——一个是我自己的故事，一个是关于好奇心本质的内容，另一个则是关于儿童好奇心发展的阐述。尽管我的观点是基于观察和研究的，但好奇心如此吸引人，部分原因是它在人们的日常生活中真实存在且令人难忘。无论是在童年期还是在成人期，好奇的体验都值得关注。通过书中的文字，我想传达的是好奇心的结构和特征，而且我想提醒读者，我们每一个人都有一部属于自己的好奇心历史。因此，每一章我都会以我记忆中自己从小到大充满渴望的心灵故事开始。虽然每一章都会涉及好奇心的不同方面（婴儿期好奇心的普遍存在、其他人的影响、语言的作用、个体差异等），但每一章都遵循一个共同的时间发展进程——从婴儿期开始到接近青春期结束。

  我希望读者阅读完本书后能生发三个彼此相关的想法：一个是思考自己的好奇心的新方式，一个是对于好奇心是如何发展的理解，另一个则是对于好奇心可以是而且应该是课堂学习中心的信念。

目　录

第1章　捕捉儿童的好奇心 ·· 1

　　充满好奇 ·· 4
　　当感觉变为行动 ··· 8
　　我们为什么探究 ··· 13
　　好奇心的发展 ·· 15
　　个体差异 ·· 18

第2章　安全港和探险 ··· 23

　　为什么婴儿如此好奇 ··· 25
　　从"是什么"到"怎么样"以及"为什么" ····························· 31
　　是什么抑制了学步儿的好奇心 ·· 34
　　大本营：蹒跚学步的探险家 ·· 41

第3章　对话者 ·· 47

　　从手指到提问 ·· 49
　　问题的萌芽 ·· 50
　　如同指纹一样的语言 ··· 58
　　不断扩大的范围 ··· 68

第4章 邀请与禁止 71

父母就是孩子的讲解员 76
教师的介入 80
当人和物混合在一起时 84
成人回应的复杂性 85

第5章 带着好奇心去上学 95

儿童在学校里好奇吗 99
好奇心是什么样子的 102
课程之外的好奇心 105
教师的角色 108

第6章 是什么为学习助力 121

兴趣的力量 123
两种兴趣 129

第7章 八卦 147

最常见的好奇心 148
八卦初露端倪 152
二手知识的价值 154
八卦成为一种社交工具 157
不是所有人都是崭露头角的特罗洛普 163

第 8 章 利用时间和独处 ······ 171

  收藏家 ······ 178

  虚构的世界 ······ 182

  独处 ······ 183

  时间的作用 ······ 189

第 9 章 培养好奇心 ······ 199

  拥抱不确定性 ······ 204

  建立在悬念之上的课程 ······ 208

  教师如何培养学生的好奇心 ······ 212

  对于打造充满好奇心的班级的四点建议 ······ 221

第 1 章

捕捉儿童的好奇心

3岁时,我喜欢吃小虫子。那时候,我住在美国纽约长岛东端一个名叫萨佳波那克的村子里,在辛奈夸克[1](Shinnecock)语中,萨佳波那克意为"花生之乡"。在我们住的那幢灰瓦小房子的周围是大片大片的马铃薯田。

由于那时我还不会骑三轮车,所以我像滑滑板车一样骑着一辆红色三轮车:我站在车子后面,向前弯腰握住车把,左脚踩在脚踏板上,右脚用力在地上蹬,将车往前推。那是20世纪60年代初期,与现在的儿童相比,那时的我拥有更多的自由。那时的街道上除了一些农用设备之外,一天中只有几辆车通过,所以我可以在萨佳波那克安静的街道上独自玩耍。我妈妈可能也会提醒我在路上小心,但除此之外,我完全靠自己。我有一条自己喜欢的日常游玩路线。首先,我会去拜访尼科尔斯小姐,她住在我家灰瓦房子斜对面的一幢白色房子里。她会请我坐在一张很大的安乐椅上,还会给我饼干吃。那个时候,我只穿那种前面有褶的连衣裙,常常忘了穿底裤。以一个3岁孩子的逻辑来看,我会担心自己因为没有穿底裤而可能尿在尼科尔斯小姐的安乐椅上。接下来,我从尼科尔斯小姐家出发走过三幢房子去拜访露丝·希尔德雷思,她是我们的电话接线员。从这里出发,我朝海滩方向走700多米到达马路,希望能在那里遇到我的哥哥或姐姐。但是我很少能走那么远,因为当我推着三轮车沿着温暖的柏油路向海滩走时,我总是会被沿途一望无际的马铃薯田吸引而停在路边。我把三轮车停在草地上,蹲在田边,屁股下沉,

---

[1] 位于美国纽约长岛东端的一个印第安部落。——译者注

膝盖向上弯曲到耳边（好像只有 3 岁孩子可以这样做），呼吸混合着杀虫剂甜甜香气的泥土气息。在我视线所及之处，我看到小马铃薯甲虫正忙碌地爬向有序排成一排的马铃薯叶子。马铃薯甲虫虽然比瓢虫大，但是像瓢虫一样，它们的背上也有一个隆起而有光泽的圆顶状的壳，花纹是橙黑相间的条纹状。我着迷地看着它们迈着丝线般细长的腿，仿佛每只虫子都是一个发条玩具。然后，突然之间，马铃薯甲虫的两只半透明的翅膀不知从哪里无缘无故地冒了出来，紧接着它就低空飞行到另一片马铃薯叶子上去了。果然，就像 3 岁孩子那样，我会以一种近乎无意识的状态伸手从地里抓起一只马铃薯甲虫小心翼翼地塞到嘴巴里咬。我喜欢咬起来那种嘎吱作响的感觉，以及它临死前在我嘴巴里轻微颤动的感觉。回想起来，这应该是我对自然世界的第一次探索。我吃马铃薯甲虫并不是因为饿，也不是因为我很残忍，而是单纯地想探究一下这些东西的表层之下是什么。

几乎每一个 3 岁孩子都会有类似的冲动，而且这种冲动也不是一时性的，而是每天都会出现很多次。在生命最初的三年里，我们甚至是由这种探索的冲动所定义的。但是，接下来会发生什么呢？我在日常生活中对小学生、青少年或朋友进行的非正式观察显示：随着年龄的增长，我们的好奇心越来越少。科学文献也证明了这一点，研究表明，儿童在 5—12 岁时，好奇心会逐渐减弱。但是，这是一个问题吗？

大多数人似乎都悲观地认为，好奇心随着年龄增长而减弱是不可避免的。很少有研究者追问，为什么好奇心会随着儿童年龄的增长而减弱？可是，我们大多数人，当然是指本书的读者，一定相信好奇心是极其宝贵的。我们认为，好奇心是人类文明中许多重要成就的基础，如电的发现、抗生素的使用以及进化论的提出这三项西方世界的伟大成就就足以说明这一点。我们认为，并不是只有人类历史上的伟人才有求知欲。我们大多数人都坚信，好奇心是学习必不可少的组成部分。众所周知，让儿童对学校感兴趣、终身学习的价值以及求知欲的好处多么重要。大多数接受采访的美国父母都会不由自主地提及自己的孩子所表现出来的对学习的渴望，实际上他们也常常会使用"好奇"一词描述自己的孩子，而且他们这种来自民间的观念也是正确的。有大量实证研究证实，当人们对某件事情感到好奇时，他们才会学得更多、更好。

好奇心具有如此重要的价值，尤其是在教育过程中。但奇怪的是，我们对于好奇心是如何发展的却知之甚少。我们不知道，在生命最初的12年里，好奇心发生了怎样的变化？父母、学校以及其他儿童是如何塑造某个儿童的好奇心的？一直以来，我们对于好奇心如此漠不关心。

充满好奇

为什么关于好奇心发展的研究一直这么少？原因之一可能是，好奇心是一种特别难以捕捉的现象。回到我在马铃薯田边度过的那段时光，3岁的我肯定感觉到了一种对于求知的渴望，但那个时候的我还不能将这种感觉表达出来。因为好奇心常常是稍纵即逝的，甚至会被一些更具紧迫性的问题掩盖，所以即便是成人也很少会停下来注意自己的好奇心。

好奇心始于一种感觉，一种激动人心或不安的感觉。有时候，这种感觉比其他感觉更强烈、更明显。大多数人（虽然不是所有人）都知道好奇是什么感觉，但这种感觉常常会被其他想法、情绪和冲动掩盖。正因为如此，我们难以确定或识别好奇这种内在体验。即使是在好奇心表现得很强烈、很突出时，它往往也是短暂的（当然也并非总是如此，如耗时几十年撰写某一著作的文学家、从重大历史事件中寻找具有重大意义的遗物的历史学家、多年来一直努力追踪某种疾病起源的科学家，以及用几个月寻找罪魁祸首的侦探……他们都足以证明好奇心可以持续存在）。但是，对我们大多数人来说，好奇心在大多数情况下是在我们不知不觉中来来去去的。所以，好奇并不是一种容易被报告或被记录的心理体验。

读者可能会想到自己感到好奇或者是看到别人表现出好奇的某个时刻（如问问题、拆东西、阅读百科全书等）。但是若要对好奇心进行测量，就需要一些预感和偶然性认知以外的其他东西。为了对好奇心进行实证性检验，我们必须测量它。而为了测量它，我们就必须定义它，因为有了好的定义才会有准确的测量。但是，为好奇心寻找一个好的定义（以及一个好的测量方法）的历史并不长。

丹尼尔·伯莱因[1]（Daniel Berlyne）是好奇心研究领域的先驱。作为第一个用实验方法研究人类好奇心的研究者，伯莱因将好奇心定义为一种类似于食欲或性欲的内驱力。他认为，就像饥饿感会刺激我们进食，力比多会刺激我们寻找伴侣一样，当环境中的某些事物调动起我们的好奇心时，我们就会试图通过寻找信息来满足这种感觉（1960）。他还认为，我们可以通过观察人们为了降低好奇心所做的努力来测量他们的好奇心——就好比人们可以通过测量抓痕来理解瘙痒一样。

伯莱因最初的人类实验是以他早期的研究成果为基础的，即当老鼠被放置在一个陌生的迷宫或盒子里时，它们会探索环境。对这一现象的普遍理解是，老鼠将新奇感视为一种威胁，并渴望降低这种来自未知的威胁——它们通过探索来降低危险。但伯莱因（1955：239）很快就意识到，解释老鼠的探索行为比人们想象得要困难得多。

---

[1] 英国心理学家，对心理学的主要贡献体现在动机与唤醒、思维与心理美学以及视觉艺术等领域。——译者注

大多数对于老鼠探索行为的调查……将老鼠穿过迷宫通道的次数作为因变量。这些调查已经发现了许多众所周知的观点，但是老鼠穿过迷宫通道的行为背后可能受到众多不同动机的激励以及多种众所周知的因素的影响，所以这类研究似乎只是揭示我们所谓的好奇心的一种间接的方式。此外，跑动次数多的老鼠是否就意味着比跑动次数少的老鼠更具好奇心呢？这是一个难题。哪一种动物表现出了更强的探索倾向？是在短时间内探索大量物体或区域的动物？还是在少数几个物体或区域上花费较长时间的动物？相对来说，该问题仍处于探索阶段。

如果我们对于"老鼠的探索行为表征了它的什么经验"这一问题都难以了解，那么可想而知，理解人类的探索行为又将是何等困难。伯莱因对老鼠探索行为表现不足的哀叹揭示了好奇心的一个主要特征——探索永远不能与引发探索的感觉完全分离开。一方面，研究人类的探索行为相对来说可能会比较容易，因为他们可以告诉你一些有关他们为什么要以特定的方式，或在特定的时间进行探索的相关信息。但另一方面，人类又远比老鼠复杂得多。正是人类与老鼠之间的这种差异，伯莱因发现了人类好奇心的重要特征。我们展现出了一些其他物种很少能够做到的事——对明显没有实用功能的事物的探索欲望。我们体验到了认知层面上的好奇心，这种好奇心将那些似乎触发了人类对于信息的渴望的刺激、话题以及事件真正地拓展到了令人惊讶的广度。我们不仅想要了解如何从这里走到那里？回家的路上可能会发生什么可怕的事情？面前的植物是否可以食用（这是所有啮齿动物都想知道的事）？也想要了解在我们出现在地球之前发生过什么？与我们素未谋面的人是如何生活的？一座建筑或一台机器是如何被组合起来的？是什么导致朋友表现出某种行为？以及为什么某个小说家停止了写作？我们对于知识的渴望跨越了时区和地理区域，从巨大的事物到微小的事物不断扩大或缩小。由于能够激发人类好奇心的事物范围几乎是无限的，所以我们不能从刺激物中寻找好奇心的定义。但是，在这些无止境的、动态的现象背后具有一些共同之处，即它们都出于同样的原因驱动我们去发现——在任何给定的情况下，当我们感到惊讶时，好奇心就会被激发出来。

在《惊奇、不确定和心理结构》（*Surprise, Uncertainty, and Mental Structures*）一书中，杰罗姆·凯根[1]（Jerome Kagan）指出，惊奇塑造了我们的精神生命。为了说明这一观点，他描述了诺贝尔奖得主埃利亚斯·卡内蒂（Elias Canetti）对无罪释放一群谋杀维也纳工人的凶手表示震惊的事（Kagan，2002）。一群人聚集在一起抗议这一不公平的判决，为了平息暴动，警察杀死了人群中的 90 人。紧接着，凯根引用卡内蒂的话说，"53 年过去了，但那天的躁动依然存留在我的骨子里"（p.10）。我们会记住一些扰乱我们熟悉感的事物（信息以及事件）。惊奇不仅铭刻在我们的记忆里，还引导我们像卡内蒂那样去探查这些惊奇的来源。我们试图理解那些超出我们预期的事情。换句话说，好奇心可以被理解为人类解决不确定性的一种冲动。

就像凯根一样，让·皮亚杰（Jean Piaget，1964b）认为唯独人类被驱动去了解自身的经历。在皮亚杰看来，仅仅是探索世界是不够的——人类，甚至是 4 个月大的婴儿，都会有意识地探知他们所遇到的物体和事件。在皮亚杰提出的理论中，这种理解是幼儿努力解释意外事件的结果。皮亚杰认为，当幼儿面对不符合他们心理图式的某个物体或一系列事件时，他们会在不知不觉中试图理解为什么。像伯莱因一样，皮亚杰和凯根都将好奇心看作人类的一种基本欲望。同时，他们也在伯莱因的理论基础上做了两点必要性补

---

[1] 美国心理学家，以研究儿童的认知和情绪发展，尤其是气质形成根源而著名，主要著作有《从出生到成熟》《儿童的天性》《人性火花：人类发展科学》等。——译者注

充。第一，他们的定义指出，内在冲动是通过对个人期望之外的或不理解的事件、信息或物体的思考而与外部世界联系在一起的。第二，凯根与皮亚杰都将这种强烈的冲动视为儿童早期发展的引擎。第二点很关键，下文将对其做出说明。

当感觉变为行动

到目前为止，我已经指出，好奇心开始是一种惊讶的感觉，是对一些意想不到的事情的回应。这种感觉可能是强烈的或温和的，短暂的或持久的。不管怎样，它首先是一种深刻的内在体验。但这还只是出发点。要想产生真正的心理影响，好奇心的第一束火花就必须能够引发某种东西。当好奇心被唤醒（无论是被意想不到的生物、新奇的信息，还是模糊不清的物体）时，我们就会倾向于通过触摸、嗅闻或倾听等方式仔细地观察，究竟是什么引发了我们对于求知的需求。随着年龄的增长，认知的觉醒可能会引导我们通过自己的思想，甚至是通过查阅图书来寻找隐藏的信息。最初的好奇心是令人愉悦的，但这种愉悦感只能持续很短的一段时间。最终，当好奇心得到某种程度上的满足之后，它就结束了（例如，当知道要吃饭时饥饿感就会得到缓解）。就像其他形式的唤醒一样，好奇心也是某种行动的催化剂。这种行动不仅是通向知识的途径，还是我们愿意一次又一次重复这种（好奇心）循环的原因。而由好奇心所诱发的探索与调查行为，正是那些想要研究好奇心在教育过程中所发挥的作用的人所感兴趣的东西。

当我的儿子萨姆还是一个小男孩时，他发现快速地洗完手是一件困难的事情。在洗手的时候，他会打开水龙头，把手伸进水流里，当水流碰到他的手这一"路障"时就会改变方向，从他手掌的边缘部位流下来。这个时候，你如果坐在他附近，就会看到他迟疑不定，开始研究起水来，永不满足。他会尝试着将手倾斜到不同的角度，将手指分开或者合拢，还会减小水压以观察水的流动是否发生什么变化。然后，他开始从各个侧面来阻断水流，好像在研究能把水流改道多远。有时候，这种实验只会持续一两分钟，而有时候当他试图理解为什么水会像那样掉落下来时，他就像是被定格在那里一样持续15分钟之久。导致萨姆做出上述行为的事件也许只发生在一瞬间——水的某种状态让他感到惊讶。但是他对于这种令他感到惊讶的事情所做出的反应却花了一些时间，而且他的这种反应任何人都可以看得到。萨姆在水槽里的尝试只是一个例子，用以说明我们对于求知的渴望是如何用语言和手势来表达的。这些行动是在真实的时间和空间中展开的，它们不仅为我们打开了一扇了解好奇心这一内在品质的窗口，而且在好奇心存在的所有时刻起着至关重要的作用。因为当一个人进行探索的时候，他的行为就会受到外界的影响。

20世纪70年代末以及80年代初进行的大量研究都表明了这一点，当时几位发展心理学家感兴趣于环境对儿童好奇心的影响。他们想了解成人的表情或语言是否会抑制（或促进）儿童的探索行为。为了研究这些输入性因素的作用，研究人员用纯粹的行为术语对好奇心进行了定义——他们感兴趣的不是内在的不确定感或兴趣，而是探索的行为。例如，他们向儿童呈现一个不熟悉的物体，然后测量他们接近这个物体的速度以及他们对该物体探索的程度。在这类研究中有一个比较有趣也很实用的例子，那就是布鲁斯·亨德森（Bruce Henderson）与他的同事们一起制作了一个被他们称为"好奇心盒子"的东西。在这个盒子前后左右四个面上各有几个抽屉，每个抽屉里都装有一些对儿童来说比较陌生的玩具等物品。当儿童打开抽屉发现这些物品后就可以对其进行探究。研究者的基本观点是，儿童接近盒子的时间、打开抽屉的数量以及花在研究抽屉里物品上的时间为测量个体好奇心提供了客观标准。然而，这种测量方法（及其暗含的好奇心定义）有其局限性。一个配有很多抽屉的盒子可能会带给某个儿童比另一个儿童更多的神秘感，激发他产生更大的兴趣。想象一下，一个儿童对生物充满好奇，然而对无生命的物体毫无兴趣。因此，他在面对"好奇心盒子"时所展现出来的好奇心水平，并不能帮助我们了解他在观看水族箱时的表现。所以，这类给予所有儿童同样刺激的实验忽略了儿童在感兴趣的事物方面所存在的个体差异性。儿童不会对所有事物都感到好奇，他们只对那些让他们感到神秘或吸引他们去探究的特定事物感到好奇。在日常生活中，儿童会选择环境中的各个方面进行深入探究。仅仅是放置在房间里的一个盒子并不能帮助我们确定特定儿童真正想要了解的主题或材料。

然而，另一个研究方向提供了有关好奇心是如何在儿童日常生活中展开的线索。20世纪20年代，威廉·斯登[1]与克拉拉·斯登（William Stern & Clara Stern）夫妇用日记的方式记录了他们的三个孩子日常所说的话。通过阅读日记就会发现他们的孩子多么频繁地通过提问来解决不确定性。近来，像米歇尔·乔伊纳德[2]（Michelle Chouinard）、芭芭拉·蒂泽德与马丁·休斯[3]（Barbara Tizard & Martin Hughes）等研究者也记录了儿童所提的无穷无尽的问题。提问代表了一种独特的探索行为类型，因为它为我们开启了一扇了解好奇心这种心理体验的窗口。当儿童问问题时，我们就可以发现他们感兴趣

---

[1] 德国犹太裔心理学家，德国汉堡大学的创始人之一，同时是心理学界提出"智商"概念的先驱，其妻子克拉拉·斯登也是德国著名的心理学家，他们夫妇合著的儿童心理学著作《儿童语言》（1907）是德国心理学界的经典之作。——译者注
[2] 美国心理学教授，发展心理学家。——译者注
[3] 二人均为英国发展心理学家，曾合著《幼儿的学习》（Young Children Learning）一书。——译者注

的是什么、寻找的是哪些特别的信息以及什么令他们感到满足等。但是，并不是所有的儿童都爱说个不停，所有的家庭都鼓励讲话，也并不是所有的环境都适合问问题。语言虽然为我们提供了一扇了解儿童需要的窗口，但它不能告知我们一切。当儿童不受成人的约束或引导时，我们就很难弄清楚他们是如何搜索信息的。但幸运的是，有一种新的数据来源可以帮助我们了解人们在自由、独立地搜索时会做些什么。

搜索引擎的出现促使我们再一次意识到好奇心是有多重面孔的。网络研究人员称，当人们使用互联网进行搜索时，他们会进行两类搜索，即探索性搜索与信息检索。通过追踪人们使用网络获取信息的方式，我们可以清楚地发现，探索的方式取决于探索的原因。为了阐明这一重要观点，赖恩·怀特与里萨·罗思（Ryen White & Resa Roth）描述了乔治的例子。

乔治是一个美国公民，遇见他时他正计划去法国南部度假。以前他从未去过欧洲，这次他希望将体验法国文化作为旅程中的一项重要内容。为此，他想要在偏远的山村租一栋别墅。首先，乔治使用互联网搜索引擎来确定他的计划是否可行。通过搜索，他找到普罗旺斯的一个提供别墅出租的网站。在对普罗旺斯进行调查了解之后，他确定自己很喜欢这个区域。但是，查询过该区域的别墅出租价格以后，他决定调整目标。因为他发现，在他理想的旅行期间，该区域唯一一栋可供出租的别墅，其租金昂贵到令人望而却步，因此乔治决定在马赛预订宾馆。他对三星级以上的宾馆进行检索，研究了几家宾馆的网站，最终找到了一家符合他需要的宾馆并进行了预订。之后，他开始调查法国的交通状况、风俗与美食，以确定观光目的地。总之，在旅行正式开始之前，他有很多东西要学习和查阅（p.9）。

赖恩·怀特与里萨·罗思认为，乔治这种目的导向的、实用的搜索方式与人们漫无目的的网上冲浪完全不同，但后者更有可能获得意想不到的收获。举例来说，试想在一次与朋友的谈话中，你们想不起亨利八世[1]（Henry Ⅷ）的六位王后，于是用搜索引擎搜索了一下"亨利八世"，在了解亨利八世的第二任王后安妮·博林（Anne Boleyn）的过程中，你可能对宗教改革产生兴趣。在此之前，你也许曾在偶然间了解过苏格兰的玛丽女王[2]（Mary Queen of Scots）及其被斩首的故事。据网络设计师说，在网络搜索如此便捷的环境下，人们的搜索行为也完全不同。在探索性比较突出，但目的导向性比较弱的搜索行为中，人们花在每张网页上的时间很短，但他们的搜索往往能覆盖更广泛的范围。这反映了心理学家所说的特殊性好奇心（specific curiosity）与发散性好奇心（diversive curiosity）[3]之间的区别。那些对许多事情都略感好奇或者在每次谈话中都会问问题的人就表现为发散性好奇心。具有这类好奇心的人很难深入某一话题的内部，相反他们会很快地转移到另外一个话题上。对这类人来说，好奇心是经常产生但却短暂存在的。另一方

---

[1] 都铎王朝第二位英格兰国王及首位爱尔兰国王，他有过六位王后。其中安妮·博林是他的第二任王后，亨利八世为了她不惜与第一任王后离婚，但是当时英国还处在天主教统治之下，离婚必须得到教皇的同意。当时的教皇在第一任王后的外甥——神圣罗马帝国皇帝查理五世的压力之下，不同意亨利八世离婚，这件事后来成为英国宗教改革的导火索。1934年，亨利和议会通过了《至尊法案》《继承法》《叛国法》等法案实行宗教改革，脱离罗马天主教会体系建立起由国家政权控制的、以国王为最高统治者的英国国教会。——译者注

[2] 即玛丽·斯图亚特，她出生后六天即位为苏格兰统治者，因此也被称为"婴儿女王"，她自小在法国长大，17岁成为法国王后，18岁丈夫离世回到苏格兰亲政，但因笃信天主教而引起了苏格兰贵族和加尔文教徒的不满，最终被罢黜，后逃往英格兰但又被卷入篡位夺权的政治斗争，最终被伊丽莎白一世送上断头台。——译者注

[3] 有学者将这两种好奇心分别译为"特定性好奇"和"不定性好奇"，本书译者将其译为"特殊性好奇心"和"发散性好奇心"，意在突出两类好奇心投射范围的差异。——译者注

面，有些人会对某个特别的话题，如家具制造、星系、俄国革命、跑步的生理学或者茶的起源等产生强烈、持久的兴趣。对他们来说，了解得越多就越想更多地了解。与此同时，具有此种特殊性好奇心的人可能对许多其他的话题完全不感兴趣。

我们为什么探究

任何一位大学教授都可以告诉你，动机在人们搜索信息的过程中所产生的微妙而重要的差异。对于学步儿是这样，对于学龄前儿童甚至是 21 岁的成人也是如此。想象一下大学生物课上的三个学生，他们都在认真而专注地阅读爱德华·威尔逊[1]（E. O. Wilson）有关蚂蚁的著作。但是，无论是通过观察他们的阅读过程，还是使用测试来评量他们的阅读结果，都无法帮助我们了解他们阅读的原委。第一个学生是为了能够在考试中取得 A 而阅读这本书。他对于蚂蚁其实没有任何兴趣，他的兴趣在于取得好的分数。第二个学生之所以阅读这本书是因为他一直对虫子非常着迷，渴望了解更多关于虫子的知识。而且他意识到，仅仅靠自己的两只眼睛观察是远远不够的。第三个学生一开始对虫子也没有什么兴趣，他之所以阅读这本书只是因为上课需要而不得不读。然而，刚一开始阅读，他就被开头的段落震惊了。他不知道蚂蚁竟然能够创造如此复杂的社会系统，现在他迫切想要了解更多关于蚂蚁的知识。第一个学生虽然进行了相关信息搜索但却没有产生什么好奇心；第二个学生由于先前对虫子的兴趣使他对蚂蚁充满了好奇，而且他意识到了自己在知识方面的不足，并认为通过阅读威尔逊的著作可以弥补自己的不足；第三个学生之所以会对蚂蚁充满好奇，是因为他在阅读过程中遇到了一些与自

---

[1] 美国生物学家、博物学家，社会生物学奠基人，曾两度获得普利策奖。——译者注

己原有认知相矛盾的信息，这些新信息打破了他现有有关蚂蚁的知识图式。而这些只是他们好奇心最初产生的来龙去脉。

有关人们上网习惯的研究使我们能够以一种全新的方式追踪人类的某些探索行为。但是，现在我们必须返回到最年幼的探索者身上。因为无论是为了旅行而搜索信息，还是单纯为了想更多地了解有关某个有趣话题而搜索信息，这些探索行为都近似于最年幼的探索者所表现出来的好奇行为。想象一下，一个12个月大的婴儿拿着一些沐浴玩具坐在浴缸里，橡胶鸭和塑料杯都漂浮在水面上。然后，她抓起旁边装满洗发水的塑料瓶，本想将它也放在水面上，结果它沉到了水底。她吓了一跳，停了下来。这种情况超出了她的预期。于是，她把手伸到水底将瓶子捞出来，并且又试了一次。她仔细地看着，伴随着瓶子的再次下沉，她的呼吸也稍微暂停了。足够多次的实验过后，她逐渐意识到一件重要的事，即并不是所有的物体都可以漂浮。随着自身经验的逐渐丰富以及别人输入信息的不断增加，浴室中的"冒险之旅"最终会让她获得两个发现：一是并非所有的物体都会呈现出相同的状态；二是关于物质世界的一些必然事实（例如，空的或空心的物体通常会漂浮，而满的或实心的物体通常会下沉）。

很显然，我刚刚描述的三种探索行为有一个共同的基础——想要了解更多的强烈欲望。但探索环境以及探索者自身的特征决定了一切。在前文中，我简要概述了好奇心研究的历史。通过回顾这段历史，我试图向读者传达好奇心是什么。然而，这段参差不齐且空洞的研究历史并未向我们说明好奇心是如何发展的。但是我相信，对好奇心的描述是可能的，而且是非常重要的。追踪好奇心的发展有助于我们了解好奇心在教育中的作用。

在本书中，我有意避免为好奇心下确切的定义。对此，读者们可能会感到惊讶。不用说，对那些研究好奇心相关问题的实验来说，为好奇心下一个确切的定义是必要的。然而，这种定义会将好奇心这种现象简化为某种狭隘而静态的东西，而我在本书中所寻求的是关于好奇心的更丰富、更广泛的讨论。和许多有趣的心理现象一样，在日常生活中，好奇心是多方面的、动态的。与此同时，当我们感觉到它或看到它时，我们大多数人也都能"认出"它来（有时候，我们还能很快意识到它的缺席，虽然并不总是能够意识到）。但是，为了说明好奇心的复杂性，我确实需要列举一些研究者（如伯莱因、皮亚杰、凯根、克拉尔等）使用过的更具生成性（以及影响力）的好奇心定义。每种定义都强调了好奇心的不同方面，而且都指向了一组特定的可测量的预测指标。将这些定义放在一起思考，就形成了一个具有普遍性的观点，即好奇心是一种语言或行为的表达，是渴望了解更多的一种冲动，而且这种冲动通常是在期望被违背时爆发出来的。关于好奇心的定义，我暂时只想说到这里。

好奇心的发展

对我所提到的所有研究者来说，他们都有一个简单的想法，即好奇心代表着对意想不到的事情进行解释的一种冲动，这种冲动引发了探索行为和对信息的获取。很容易看出，无论内心好奇什么，它都会促使我们以某种方式行动。例如，我们拿起某个物品仔细观察、剥开或拆开某个东西、询问别人问题、阅读书籍、做实验以及在陌生的环境中徘徊等。为了抚平"心头之痒"，我们会以特定的方式行动，从而获得发现、成就以及自我扩展，当然有时也会带来麻烦。好奇心会引发各种行为，有些行为是有价值的，而有些行为会潜藏危险。在一次访谈中，一位母亲告诉我，当她结束了一天的工作回家后发现，她9岁的孩子一直在用火点燃棉球。他很生气，想把房子烧了？他很淘气，想吓唬弟弟？或是他在回应别人的挑衅？都不是。只是因为他从网上了解到水能防止东西燃烧，所以他就将棉球泡在水里，然后点燃火柴去烧棉球以检验他读到的信息是否真实。

探索中固有的风险可以解释为什么文化（以及研究者）对好奇心怀有如此矛盾的态度。它既被看作一切邪恶的源泉（想想潘多拉和夏娃），又被看作所有进步和知识的源泉（再次想想潘多拉和夏娃，是谁将希望洒落人间？又是谁的过错使世界为我们所知？）。亚里士多德（Aristotle）将好奇心描述为一种"最先引导人哲学化"的东西；而西塞罗（Cicero）关注的是好奇心所具有的危险性，这种被称为"求知欲"的好奇心驱使那些听到"塞壬之歌"[1]的人一直听下去直到死去（Loewenstein，1994）。在古代中国，知识阶层抑制好奇心。据说孔子曾说过："获得智慧有三种方法，第一种是反思，这是最高级的方法；第二种是模仿，这是最简单的方法；第三种是经历，这是最艰难的方法。"孔子之后的威廉·詹姆斯[2]（William James）捕捉到了好奇心这种矛盾心理的双重性质——"单纯的新奇感"以及驱使人们寻找新信息的"科学的好奇心"。

现在让我们回到这样一个悖论。尽管社会上对好奇心所持的态度是矛盾的，但几乎所有的心理学家和教育研究者都将好奇心视为童年时期的一股重要力量。从伯莱因本人的工作开始，研究一再表明，当人们求知的时候，他们自然就会学习。因此，激发孩子的好奇心是确保他们吸收和记住信息的最好方法。这种观点听起来显而易见，也许这种显而易见性也正好可以解释，为什么只有那么少的研究关注学校里儿童的好奇心。究竟是什么让儿童更好

---

[1] 塞壬（Siren）是希腊神话传说中的海妖，她会利用自己的歌喉使得过往的水手倾听失神，以致航船触礁沉没，从而成为她的腹中餐。——译者注

[2] 美国心理学之父，也是哲学家、教育学家、实用主义的倡导者。——译者注

奇或更不好奇？在什么样的环境中好奇心会被激发？如何基于儿童的好奇心引导他们更好地学习？换句话说，好奇心是如何发展的？对于这些问题我们知之甚少。

总的来说，无论好奇心有什么危害，一旦好奇心消失殆尽，就会产生严重的后果。对此，没有什么比儿童智力发展研究更有趣，同时也更能清楚说明这一问题的了。研究者认为，求知欲会为心理发展助力。他们还发现，好奇的儿童会比不好奇的儿童学到更多东西，而且当好奇心被唤起时，学习也会被优化。那么，我们对童年时期好奇心的命运了解多少？

研究表明，随着年龄的增长，儿童问的问题越来越少，对于物理环境的探索也越来越不热心。这是否意味着好奇心会随着年龄增长而减弱呢？其实，从某种程度上来说，好奇心随年龄增长而减弱是正常的，因为随着婴儿对于周围世界的了解增多，能引发他们兴趣和好奇心的事物也就会相应减少。到了学步儿时期，他们会意识到敲门声意味着即将有陌生人到来；餐桌上盘子里冒出的热气不再让他们着迷；回形针对他们来说也变得很普通，大多数儿童不会再想着将它放进嘴巴里尝尝味道。他们已经熟悉了日常生活中的惯例和物品，而且一般来说，他们也逐渐知道该期待什么。

然而，一旦熟悉了日常生活经验，一些儿童就会开始注意那些更微妙的惊喜以及意想不到的细节，而有些儿童不会。到了三四岁的时候，有些儿童会把注意力集中在生活中需要进一步研究的方面。例如，为什么有些食物冒热气而有些不冒呢？不同的人在进门时各自有什么样的问候礼仪呢？在不折断的前提下，回形针有多少种弯曲方法？正是在这些方面上，好奇心的故事才变得更加复杂而有趣。因为似乎正是在 3—11 岁，儿童要么能够形成求知欲和探究习惯，要么就不能。同时，也正是在这几年里，儿童获得了一些特别的好奇心。例如，有些儿童想了解有关人际互动的所有知识，而有些儿童想了解一切有关自然世界的知识。有些儿童通过"笨手笨脚"地操作来了解，有些儿童则通过收集信息来了解，也有些儿童会通过问问题的方式来了解。

个 体 差 异

这个世界为好奇心提供了无数的诱因，虽然我们每个人对于这些诱因的反应不同。在我儿子小的时候，我曾经带他们去位于美国纽约中央公园的动物园。我们住在一个周围满是家畜以及野生动物的农村。在这里照顾我的孩子的那个人对野生动物非常了解，而且与孩子们无所不谈——他们在一起时会持续地观察和讨论问题，这意味着孩子们不仅与许多动物进行互动、看到许多动物的活动，而且就他们看到的一切进行讨论。在动物园时，看过鸟和蜥蜴之后，我们遇到了一只龟壳布满苔藓的陆龟趴在另一只陆龟的背上，并发出一种响亮的呻吟声。其他孩子的眼睛扫过这两个笨拙的生物，没有给予它们比其他有趣的事情（如色彩鲜艳的鸟儿在热带森林上方向下俯冲，然后停在树枝上；蜥蜴拖着疲惫但却骄傲的身躯从栖息地的一边跋涉到另一边）更多的关注，但我4岁的儿子有着不太一样的视角。他饶有兴趣地注视着这两只陆龟，经过几分钟的观察之后，他用响亮而又充满好奇的声音说："我知道它们在干什么！它们在交配，对吧？陆龟就是这样交配的？"

他关于动物的基本知识以及对动物园的熟悉程度，使他对所看到的事物感到好奇。因为他曾在野外和动物园里看到过海龟和陆龟，所以对于陆龟布满青苔的龟壳以及缓慢从容的爬行姿态并不感到好奇。然而，当看到一只陆龟趴在另一只陆龟背上呻吟时，他感到有些困惑。他去过动物园，也有关于陆龟的知识，而恰恰是这些背景经验使他对于所看到的事情感到好奇并想要了解更多。他以往的经验使他产生了这种特别的好奇心。所以，后来在他和那个照顾他的人在一起的几乎所有时间里，他都在询问有关陆龟的事。

然而，吸引某个人的东西与吸引另一个人的东西是不同的。我的朋友斯科蒂·米尔斯（Scottie Mills）在穿过草地时一定会俯下身来看一看叶片间有没有什么生物。我在餐馆里一定会边细嚼慢咽边转过头研究旁边桌的人，我想知道他们在说什么、谁和谁是夫妻以及他们都点了什么菜等。另一方面，作家西蒙·温切斯特[1]（Simon Winchester）对收集知识的人，如撰写字典和百科全书的人、头骨收藏家以及研究他国的人怀有一种如饥似渴的好奇。

人们表现出好奇的频率和强度有很大的差异。有些人想更多地了解他们所能遇到的几乎所有事情，然而另一些人将求知的渴望集中在几个他们坚定不移地感兴趣的话题上。对有些人来说，探究几乎是一种本能反应。不久之前，我从小儿子的学校参观回来，在那里他刚刚开始第一年的大学生活。后来，在与两位密友坐在一起喝咖啡时，我说："他（我儿子）实在是很喜欢那里（他的学校），对他来说导师制太完美了。"一位朋友面带微笑地说："这真是太棒了！"而另一位朋友问道："导师制是怎样的？"由此可见，对有些人来说似乎无法抗拒的事物对另一些人来说则完全视而不见。

而且，每个人对于自身冲动的回应方式是不同的。例如，多莉·帕顿[2]（Dolly Parton）曾说："每当我有锻炼的冲动时，我就会躺下来等这种冲动过去。"同样地，我们每个人也不会以相同的方式回应我们对于知识的渴望。例如，当一群朋友在一起吃饭时，他们遇到了一个大家都不认识的单词，会发生什么呢？一开始，也许所有人都会对这个单词表现出兴趣。但是只有一

---

[1] 英国作家、记者，著有多部畅销书。——译者注
[2] 美国歌手、词曲作家、作家、多种乐器演奏家和慈善家，以创作和演唱乡村音乐而闻名。——译者注

两个人会放下刀叉、离开餐桌，去查找可能包含相关信息的图书。如今，因为有了智能手机和搜索引擎，所以我们几乎可以轻而易举地在任何时候查找任何东西。对一些人来说，他们着迷于如此庞大的信息储存，这很可能会干扰到他们当下的生活。无论是在餐桌上、浴室里、会议上，还是在公交车上，他们总会为了查找信息而中断与别人的谈话。但是对另一些人来说，唾手可得的数据并没有什么意义，因为他们对于求知的渴望没有那么强烈。

最后，有些人有极大的毅力去寻求问题的答案。例如，美国加利福尼亚州的一家家庭诊所的内科医生娜丁·伯克（Nadine Burke），最开始，她注意到病人中有不少人在接受调查时表示自己在童年时期遭受过极端的压力。随后，她开始怀疑正是童年时期的压力导致这些人成年后的疾病。为了验证自己的猜想，弄清楚事情的真相，她持续进行了多年调查，甚至将其作为自己一生的事业（Tough，2011）。而有些人，从实际的角度看，则被一种看似不那么强烈的好奇心吸引，尽管如此，这种好奇心却也让他们坚持追求了几十年。例如，人类学家丹尼尔·埃弗里特[1]（Daniel Everett，2009）花了将近30年试图理解亚马孙丛林中的皮拉罕语。有些人用其一生寻找某一特定问题的答案，而对另一些人来说，一丁点轻而易举获得的信息就能使他们的好奇心得到满足。所以，持久的好奇心与一闪而过的好奇心是两种完全不同的现象。

大量证据表明，婴儿天生就具有强烈的求知欲。他们仔细地观察人和事以发现其中的模式，探索任何令他们感到惊讶的东西，利用现有经验检验

---

[1] 美国语言学家、人类学家，曾携妻儿到亚马孙丛林中的皮拉罕部落传教，却意外被皮拉罕人独特的语言吸引，开始痴迷于研究皮拉罕语，著有《别睡，这里有蛇：一个语言学家和人类学家在亚马孙丛林深处》一书，详细记述了他在皮拉罕部落的所见、所闻、所感。——译者注

自己处于萌芽阶段的理论，无所畏惧地努力探索呈现在面前的所有神秘事物。一开始，几乎所有的事情对他们来说都是一个谜。当事情超出了他们的意料时，他们就会仔细观察，还会将事物放进嘴巴里，试着让它浮起来或弹起来，或者是将事物拆开来看看里面有什么。我认为，这些探究不仅令人着迷，它们还为儿童后续的学习以及许多的社会重要发明埋下种子。我也觉得，好奇心这颗种子很脆弱——因为有些种子会结出果实，而有些种子会枯萎甚至很快就死去。到了儿童5岁时，好奇心便能够反映他们的个性、家庭生活状况、日常遭遇以及学校教育经历。到了22岁的时候，好奇的强度和对象就成为形塑他们未来生活的决定性因素，尽管这个因素常常是无形的。

然而，好奇心的发展进程是很微妙的，从一种伴随着婴儿日常经验的普遍且无所不在的特征，到一种定义某些成人但在其他成人身上却几乎不存在的品质。在接下来的章节中，我会试着说明个体差异性的几个来源，而且每一个来源都有其发展时机。学步儿时的依恋、3岁时的语言以及一连串的环境限制或敞开的大门都有助于造就一个人特定而又强烈的好奇心。22岁的人身上有着所有这些经历的印记，成年后的每一次探索与追问也都是以这些经历为基础的。

本书阐释了为什么有些儿童的好奇心一直存在，而有些儿童并非如此，以及我们如何才能鼓励每个人都保有更多的好奇心。

第 2 章

安全港和探险

当我还是一个小女孩的时候，我家客厅里有两件东西一次又一次地召唤着我。其中一件是一张低矮的、外形奇特的现代风格的玻璃咖啡桌。我喜欢透过它看地板，有时候我会看到有着很宽沟槽的木地板，有时候我会看到一些小物品，如纸夹、吸尘球、鞋子等，透过玻璃看，它们会稍微有些扭曲，所以特别有趣。让我同样感兴趣的还有这张玻璃桌的桌面，它的形状像利马豆[1]，它被放置在弧形玻璃底座上（这是20世纪60年代早期，那时我母亲是现代设计的粉丝）。我喜欢从桌面往下看，看它的底部与支架边缘的衔接部分。客厅里另一件吸引我的东西是一把非常具有现代风格的椅子，就像从动画片《杰森一家》[2]（The Jetsons）中搬出来的一样。它像一个大杯子，没有边缘，也没有接缝。与传统的椅子腿不同的是，这把像贝壳形状的椅子，它的腿是由一根粗大的弧形金属基座组成的。它吸引着我和它玩。一天，当进行了惯常的所有探索之后，我想到一种新的玩法。如果我把椅子倒过来，将它的顶部变成底部，然后站在金属基座上面，会发生什么？我想看看，当椅子扶手被放在地上时会出现怎样有趣的边线？我想知道，站在椅子的金属基座上是什么感觉？同样吸引人的是，我想知道从这么高的地方透过玻璃往下看地板，地板会是什么样子。于是，我把椅子倒过来，把它拖到咖啡桌的波浪状边缘处，并爬到倒放的椅子上，双脚放在金属基座上保持平衡。当时我

---

[1] 原产于南美洲的一种豆科植物。——译者注
[2] 美国的家庭喜剧动画片，用另一个时空背景反映了1962年左右的美国文化和生活方式。——译者注

只有 2 岁多，所以，所有这一切都是用我的小短腿完成的。正当我往上爬的时候，有人在旁边的厨房里对我喊："苏珊，快从那下来，你要掉下去了！"但是我的腿还没站直，也还没有从上面透过玻璃往下看，我的探索还没有完成！所以，虽然我听到了喊我的声音，但是我故意忽略它，因为椅子的"声音"更大。我摇摇晃晃地站了起来，将自己的小短腿伸向旁边的桌子，专注于探索。然后，我摔了下来。接下来的事我就不太记得了，我只记得妈妈被告知不能留在医院的病房里，只有我被困在那里，在我的尖叫与挣扎中，医生从我眼睛旁边取下了一些玻璃碎片，然后把伤口缝合了起来。50 多年过去了，我眼睛旁边的伤疤依然存在。

所以，必须努力阻止蹒跚学步的幼童探索周围的世界。将一个 18 个月大的孩子放在地板（不管是熟悉的还是不熟悉的）上，她都会精力充沛地从房间的一边移动到另一边，寻找可以检查、触摸、操作和观察的东西。杰罗姆·凯根（2002）曾说，90% 的学步儿，当他们被带到一个陌生的房间之后，都会花 20 秒环视房间的环境，然后开始探索。学步儿的好奇心是无处不在的，它源自人类的一种基本的认知机制——发现新奇事物的倾向。

为什么婴儿如此好奇

婴儿察觉变化的能力取决于他们察觉同一性的能力，而且这种能力从婴儿出生那一刻起就开始发挥作用。行为主义者曾一度相信，婴儿必须投入相当多的精力，煞费苦心一点一滴地积累关于世界的信息。但过去 60 年的研究已经表明，婴儿生来就具备一定的认知能力，这种能力能够帮助他们在日常生活中轻松而高效地建立一些秩序，从而使他们能够快速地从中发现某些模式，并对他们的经验进行有用的分组。

在出生后几天内，婴儿就能分辨人脸和非人脸，母亲的声音和其他人的声音，以及男人的声音和女人的声音（Newman，2005；Easterbrook et al.，1999）。他们很快就会将自己的世界进行分类。例如，当3天大的婴儿听到自己或其他婴儿的哭声录音时，特别是在听到陌生的哭声时，他们的脸上会表现出更大的痛苦，且持续时间更长（Dondi，Simion，& Caltran，1999）。另一项研究发现，当听到母亲的声音而不是陌生人的声音时，婴儿会有规律地改变吸吮方式（DeCasper & Fifer，1980）。换句话说，从一开始，婴儿对于他们熟悉的事物的反应就不同于他们对不熟悉的事物的反应。在最开始的时候，熟悉感确实是引人注目的。在2个月大之前，婴儿会投入大量的认知能量去了解特定的图像和声音，他们通常会花更多的时间看或听熟悉的刺激，而不是新奇的图像或声音（Hunter，Ross，& Ames，1982；Rose et al.，1982）。这表明，从认知角度来说，婴儿的首要任务是做出一些基本的区分，了解某些重要的图像和声音（最明显的是母亲）（Hunter，Ames，& Koopman，1983；Rose et al.，1982；Nachman，Stern，& Best，1986）。除了母亲之外，他们对任何熟悉事物的偏爱都是短暂的。到9周大的时候，他们只会短暂地看一眼之前看过的图像，随后就转过头去看一些新奇的东西（Hunter，Ross，& Ames，1982）。例如，2个月大的婴儿注视模式熟悉的手机的时间要比注视模式不熟悉的手机的时间更长。虽然有些人认为，新生儿对熟悉感的早期偏好反映出他们对于信息的处理较慢。但同样有可能的是，婴儿大概需要2个月才能对世界产生足够的期待，进而对一切感到好奇。换句话说，婴儿努力地熟悉事物，这样他们才能注意到新奇的事物。一旦发生这种情况，新奇感很快就会比熟悉感更吸引他们。费根（Fagan）表示，在接触熟悉模式的几周里，婴儿会频繁地花更长的时间查看模式陌生的手机，而不是模式熟悉的手机（Fagan，1974；Fagan & McGrath，1981）。

到 6 个月大的时候，婴儿识别熟悉经验的能力已经超越了他们之前所看到或听到的图像或声音——他们开始寻找序列的一致性和更复杂的经验。例如，呈现给婴儿两张不同的图像，其中一张是笑脸图，而另一张是哭脸图，在他们注视笑脸图时播放充满愤怒的声音，或者在他们注视哭脸图时播放充满愉悦的声音，当听到声音后，婴儿注视图像的时间会变得更长（而且大多数情况下，他们会显得若有所思）(Uzgiris & Hunt，1975；Walker-Andrews & Lennon，1991；Hepach & Westermann，2013)。

与面部表情不匹配的声音并不是导致婴儿停顿、呼吸变化以及仔细探究的唯一情况。从某种程度上说，婴儿对于令他们感到惊讶的各种各样的现象都有相似的反应。在生命最初的一年里，婴儿的惊讶反映出他们对于世界非常复杂的预期。以卡伦·温（Karen Wynn，1988）的研究为例。在婴儿面前的屏幕上投射出一只玩具鸭子的图像。然后，将第二只鸭子投射到屏幕上。接下来，在两只鸭子面前垂下一张幕布。很快，当屏幕升起时，如你所料，婴儿看到的要么是两只鸭子，要么是一只鸭子，有时也可能是三只鸭子。温一次又一次地发现，当婴儿看到出乎意料的鸭子数量时，他们注视的时间会更长，呼吸和心率也会发生变化。他们的这些反应表明，他们预期一加一等于二，所以当结果不是这样时，他们就会感到惊讶。温通过这项研究表明，婴儿天生具有一些内在的数字感。而且，该研究表明，婴儿对意料之外的事情感兴趣。此外，他们对于意外事件的敏感性超出了实验室设定的范围。在早晨，当陌生人或平时不常见的人走进卧室时，或者在吃早餐时听到厨房传来陌生人的声音，婴儿都会有所注意。

这种预期感也不只是习惯的问题。如果是这样，你可以让婴儿习惯于任何两件事情同时发生，而一旦当这两件事情没有同时发生时，他们就会感到惊讶。但实际上，当两件习惯性同时发生的事情不再同时发生时，除了短暂的惊讶之外，几乎没有证据表明婴儿会表现出任何其他迹象（Alessandri，Sullivan，& Lewis，1990）。换句话说，当两件事情或事物通过条件作用被任意联系在一起时，儿童很快就会忘记这种联系性。同样重要的是，婴儿会对他们没有太多经验的事件的不一致性感到惊讶。例如，当一加一没有等于二，或者当球滚到屏幕后没有从另一边出来时他们会感到惊讶（Bower，1974；Wynn，1998，2000）。简而言之，这种早期的预期显然不是通过任何一种习惯或条件作用来实现的。相反，至少在某些现象上，婴儿似乎更倾向于专注于事物或事件真正重要的或本质的方面。在某些情况下，他们似乎形成了"本质性"的概念——对于哪些物体归属于同一类，以及区分物体的标准特征和表面特征的一种感觉。例如，婴儿会把很多种不同的会飞行的东西识别为鸟——大的、小的、颜色鲜亮的以及颜色暗淡的。这并不是说，婴儿不会错误地给物体贴标签（例如，把风筝叫成鸟，把牛叫成狗）。我们早就已经了解到，学步儿在学习语言的过程中会过高或过低地拓展词语所代表的范畴和概念（Rosch，1978；Anglin，1977）。但他们的错误并非杂乱无章。儿童对于词语范畴和概念的过高或过低的拓展遵循着一种明确的模式，而且通常基于事物的某些核心特征（把牛叫成狗是因为它们都是四条腿的生物）。与此同时，卡伦·温、苏珊·凯里（Susan Carey，2009）以及伊丽莎白·史培基（Elizabeth Spelke，1999）等研究者的最新研究也表明，婴儿天生就具有一些关键的概念，或者至少在年龄很小、没有多少经验的时候就具有获得这些概念的方法。例如，婴儿很早就能区分有生命和无生命的物体，如果一个无生命的物体（或已经死亡的动物）像有生命的物体那样移动、发出声音或者呼吸，他们就会感到惊讶。他们也很早就掌握了其他一些核心特质——动物与人类之间、物体与人类之间，甚至是不同种类的物体之间的差别，例如，大的和小的（Rochat，2001；Muentener，Friel，& Schulz，2002）。可见，大量的研究证实，婴儿和学步儿会对有意义的新奇事物保持警觉，这些新奇事物引导他们以更有力的方式理解周围的世界。

到目前为止，我只谈到了婴儿理解周围物质世界的能力——预知一个或一组物体是什么样或者动物可能会做什么（吠叫、哞哞叫等）。但是，婴儿并非仅仅生活在物质世界中，他们还生活在复杂的社会世界中，周围的人并不只是简单地遵循自然世界的规则。那么，社会层面的现实如何？学步儿所在的社会世界又会带给他们多少惊讶呢？

在这一点上，过去30年的研究再次为我们提供了充足的证据，表明儿童可以很快且很容易地从周围的社会喧嚣中发现规律。米勒、加兰特、普里布拉姆（Miller, Galanter, & Pribram, 1960）、尚克、埃布尔森（Schank & Abelson, 1977）以及凯瑟琳·纳尔逊（Katherine Nelson & Gruendel, 1986）等研究者的研究表明，如同在物理现实中一样，在社会现实中，儿童似乎也能够察觉并吸收有关谁做了什么、在哪里、什么时候等潜在模式，就像他们在学习"少"与"多"、"球"与"卡车"、"死"与"生"等对比关系时一样敏捷。他们学习这种对比关系的速度以及他们在掌握这种对比关系方面的相似性表明，有一些基本的规则在指导着他们建构关于日常事件的图式（schema）的过程。

在日常生活中，即使呈现给他们的都是表面上的连贯性和连续性，但对大多数学步儿来说，他们似乎能够很快学会使用心理脚本（mental scripts）来指导互动和预期。例如，如果一个婴儿是以坐在高脚椅上喝一杯橙汁来开始一天的，那么如果将橙汁换成巧克力牛奶，他可能就会感到惊讶。如果是一个完全陌生的人走过来坐在他哥哥通常所坐的位置上，他也会感到惊讶。

然而，即使是到18个月大的时候，当涉及对日常生活的预期时，孩子们依然是新手。虽然大多数18个月大的孩子很快就会形成自己的早餐脚本、洗澡脚本、去日托中心的脚本（或任何反映他们特定文化和习俗的脚本），但这些脚本非常有限。每个孩子都需要花时间和精力来吸收这些脚本中可能发生的所有变化（谁给我洗澡、洗澡时放什么玩具、去日托中心走哪条路以及我是坐婴儿车还是骑在爸爸的肩膀上等）。纳尔逊及其追随者向我们展现，儿童是如何快速地认识到脚本的必要组成部分（人物、目标、基本的行动顺序）与填充部分（可能因情况而异的物品和动作）之间的区别的。儿童对于这些填充部分并非漠不关心。恰恰相反，他们会关注大量的信息。代替吐司的华夫饼、代替母亲倒果汁的祖母、停在去往学校路上的大型起重机——所有这些意想不到的变量信息都会引起他们的关注。他们会惊讶于那些严重有悖于他们所熟悉的基本脚本的行为，同时也会对基本脚本所出现的大大小小的变化表现出极大的兴趣。通过将日常经验纳入脚本中，儿童将内化所处的特定社会和文化的礼仪和价值观。但这些脚本只是社会世界的一个层面。

婴儿和学步儿还必须学习很多关于人的知识——声音、音调、动作以及在大多数人际交往中存在的微妙的动态关系，例如，哭声会引来一位老妇人的拥抱，但其他人却充耳不闻。把手伸向想要的东西（例如，一块饼干、一个瓶子）或者说出一个单词（可能是咕咕或巴巴）很可能会引起别人的注意，但却不会引起弟弟的注意，因为他似乎沉浸在自己的世界里。学步儿会观察周围人的反应，这些由观察而得的信息不仅可以用来解释为什么球会上浮或下沉，而且可以用来解释为什么某种行为会引发笑声，而另一种行为会使人生气得皱起眉头。很小的儿童似乎就能很快地发现并利用一些基本模式，同时还会对这些模式的微小变化产生兴趣。

所有这一切都意味着在生命的头三年里，儿童收集他们所需要的材料来建立并丰富心理图式，从而帮助他们在物理、心理以及社会世界中"航行"。而掌握这种模式和秩序的关键在于他们要对新奇事物有警觉性，早期发展的这一基本特征解释了为什么学步儿看起来对新信息如此感兴趣。

从"是什么"到"怎么样"以及"为什么"

与其他物种相反，对人类婴儿来说，"航行"只是个开始。令人惊讶的是，人类婴儿在幼年早期就表现出了与其他物种幼崽的差异。除了最低限度的生活必需品之外，新奇的事物也是人类幼儿生存所必需的。他们有所谓的认知好奇心（epistemic curiosity），不仅对是什么、什么人、什么时候、什么地方感兴趣，还对为什么以及怎么样感兴趣。9—36个月大的婴幼儿不仅如饥似渴地吸收着有关物体的外观、味道、声音、用途等方面的信息，而且开始试图弄明白为什么事情会以这样的方式发生。他们也许并不总是知道自己是在寻找原因和解释，但是他们的行为告诉我们，他们在这样做。

正如幼儿经常做的那样，当他们盯着某件物体看时，或者用硬物敲打某个物体时，显然他们是在试图了解这个物体是什么样的（形状、表面、细节等）或者能够做什么（发出声音、打翻东西等）。到了24个月大时，他们就会试图弄清楚两种不同行为之间的联系（例如，堆高的积木与积木倒塌之间的联系，或者拉杠杆与听到声音之间的联系）。

在皮亚杰有关学步儿的著名描述中，他认为，学步儿对于周围物体的几种作用方式是为了测试各种行为之间的因果关系。近来，许多研究者也通过实验探索了这一过程。他们的研究表明，1岁左右的儿童就已经在积极地试图弄清楚事情是如何运作的，或者换句话说，为什么事情会以某种方式发生。例如，在一所儿童中心外面玩耍的婴幼儿中，一个2岁的男孩骑着小摩托驶向一座小山丘，他用脚滑动小摩托一直滑到了半山丘的地方。但当他在滑动过程中抬起脚时却发现，小摩托开始向后滑动。面对这种情况，他并没有向任何人喊："为什么小摩托向后滑？为什么？"而是在往下滑了一点之后，他马上又把小摩托往上推了推。然后，他仔细地看着自己的脚又向下滑了去。就这样，他重复了大概三次，但每一次他抬脚的方式以及高度都不太相同。接下来，他把小摩托骑到了一个地势平坦的地方，并试着抬起脚，决心弄清楚小摩托到底会在什么情况下向后滑。研究表明，学步儿普遍感兴趣于事物运作的方式。艾莉森·高普尼克（Alison Gopnik）及其同事在研究中要求学步儿用耙子将放在桌子另外一边的玩具拖到自己这边。通过一两次的尝试之后，几乎所有的学步儿都能成功做到，并且很快就失去了对于玩具本身的兴趣。但是他们却不厌其烦地用耙子将玩具拉近、推远、再拉近、再推远……虽然对于这个玩具本身他们早已非常熟悉，但他们还是渴望探索这样一个事实，即拉动耙子会使玩具移动。换句话说，他们想为自己的成功寻找解释，而这些解释对他们而言比单纯地花时间玩玩具更具吸引力。

　　劳拉·舒尔茨（Laura Schulz）及其同事开展的一项别出心裁的实验表明，幼儿会积极地从周围现象中寻求解释。在实验中，他们邀请学龄前儿童玩一个玩具机器，这个玩具机器可以被珠子激活，从而亮起来并发出声音。他们先让一个成人给这些幼儿提供一些有关哪个珠子会激活机器的模糊信息，然后给他们一些玩玩具机器以及珠子的时间，显然，此时他们的游戏目的在于发现哪个特定的珠子（或珠子的组合）可以激活机器（Cook, Goodman, & Schulz, 2011）。

　　儿童不仅会通过行动来理解世界是如何运作的，还会通过询问一些具体的问题（这些问题并不是事物的名称、特征等直截了当的信息）来寻求解释。安妮·希克林和亨利·韦尔曼（Anne Hickling & Henry Wellman）使用

CHILDES[1] 研究 4 个 2.5—5 岁的幼儿所做出的日常解释。在他们研究的这段时间里，这些幼儿给出了高达 5000 条解释（Wellman，Hickling，& Schult，1997）。这意味着，每个幼儿大约每 25 句话语中就有一句是对日常事件所做的因果解释。这些解释中很多是从生物学或物理学的角度做出的（而不是社会心理学角度）。韦尔曼认为，儿童有三大类核心解释——一种是对于人的解释（意图和精神状态），一种是对于材料和机械现象（物体坠落或碰撞）的解释，一种是对于生物事件（生病、生长、死亡）的解释。可见，儿童不仅试图弄清楚事情是如何运作的，以及事情为什么会以某种方式发生，而且很明显，他们也在努力地建构解释。

综上所述，母亲、父亲、祖父母、保姆以及日托中心的保育人员都知道，他们很难阻止儿童对于周围世界的探索。科学家也向我们表明，儿童无休止的探索行为有一个共同的目标，即收集信息以理解日常生活。若仔细观察儿童与周围物理世界及社会世界的接触，我们就会发现，他们不仅想弄清楚环境中有什么以及会发生什么，还想知道为什么事情会以某种方式发生以及事情是如何运作的。但这些探索并不是简单地从内部触发。打开盖子，用杠杆或门尝试不同的方法以获得相同的结果，发现用木勺可以做多少事情——这些特殊的行为并不是预先设定好的，而是随机发生的。他们需要适当的机会，也就是让他们感到惊奇的时刻。一旦这一时刻出现，无论成人是否能够观察到，儿童的探索行为都有可能开始。到了 1 岁左右，婴儿会具有一种认知能力，这种能力使他们能够积极地比较他们所预期的事物与他们所遇到的事物之间的差别。在一段时间里，大多数婴儿的行为就好像所有的意外事件（陌生的物体、陌生的人、陌生的场景）都需要进一步调查一样。这

---

[1] 国际儿童语言语料库（Child Language Data Exchange System），它是目前世界上最完整的口语语料库之一。——译者注

没什么好奇怪的，也不需要大量的科学知识才能理解：如果好奇心来自想要解释意料之外的事情，或者解决不确定的时刻，那么婴儿一天中肯定会遇到数百个在他们看到、听到、感觉到、尝到或闻到之后感到新奇的时刻。事实上，即使是对婴儿最随意的观察也表明，婴儿在很多时候对很多事情都很好奇。在他们基于先前经验已经知道的事情与现在令他们感到意外的事情之间常常会产生差距。这些令他们感到意外的时刻包含完全陌生的一切：第一次看到火车、看到气球爆炸、遇到一只虫子、看到有人吹蜡烛或者遇到一只狗。但同样重要的还有一些让人意想不到的景象、声音和气味，它们只是与儿童先前的经验有略微的不同（甜甜圈而不是烤面包，戴着新帽子的祖母，带泡泡浴的浴缸，能发出响亮声音的玩具，一只不同于他们之前所看到的狗）。从幼儿的角度来看，新奇的事物无处不在。这也就解释了为什么好奇心看起来像一种普遍的特质，在6—14个月大的婴儿中几乎一直都在发挥作用。然而，学步儿的好奇心是不一样的——有些学步儿会继续满怀热情地探索新事物并进行任何可能的探究；有些学步儿在遇到新事物时似乎会感到震惊和恐惧；还有些学步儿则显得有些迟钝——好像他们所知道的事情与他们所遇到的事情之间的差异并不会像吸引其他幼儿那样吸引他们。

是什么抑制了学步儿的好奇心

当一个学步儿看到房间从原来熟悉的状态发生了巨大的变化（新的墙壁颜色、一件新的大件家具）时，他可能会站在门口犹豫，过一会儿才敢走进去。最后一旦放松下来，大多数学步儿都会四处逛逛，看看有哪些变化。他们甚至还可能会被激发去探索这些变化的特点。但是，并非所有幼儿都会对这些巨大的变化怀有热切的兴趣。

是什么使幼儿变得没有好奇心的呢？有关这个问题的一条线索来自对老鼠的研究。就像人类和其他动物一样，老鼠会探索它所处的陌生环境。把一只老鼠放在一张被分割成多个不同空间的桌子上，它会通过嗅、看、抓以及其他方式积极地探索它所看到的东西。但即使是对老鼠来说，也并不是所有新奇的事物都是一样的。佩洛（Pellow，1985）和他的同事们把老鼠放在一个四边升高的平台上，其中一边是开放的，另一边是封闭的（被墙体遮蔽）。研究发现，老鼠更喜欢封闭的一边，若将它们限制在开放的一边，它们就会感到焦虑。但是，当给它们注射缓解焦虑的药物之后，它们则更有可能探索开放的一边。对我们这些对儿童的好奇心感兴趣的人来说，这项研究至少可以给予我们两个启示。第一个启示是，即使我们可能会被新奇的事物吸引（就像老鼠一样），但是我们对于新奇事物的欲望最终会被我们对于未知的恐惧（就像老鼠一样）抵消。第二个启示与第一个启示相关，即焦虑在好奇心中起着微妙但却强大的作用。当老鼠的焦虑感降低时，它们就会对开放的一边更好奇。这时候，也许它们只是更加不计后果地冒险到一个没有屏障防止它们坠落的表面上。但这对于研究人类好奇心的启示是，我们对于新事物或未知事物的兴趣会被我们对于危险的恐惧削弱。这对于我们理解好奇心在童年早期是如何展开的具有特别的意义。

儿童的胆量、对可能存在的风险的适应程度以及在探索过程中处理焦虑感的能力都各不相同。杰罗姆·凯根是这方面研究的开拓者。他的研究表明，婴儿的气质对其行为的各个方面都有长期的影响，包括对于未知世界的探索意愿（Kagan et al.，1994）。2个月大的婴儿能注意到进入他们视线的不熟悉的玩具。就算是他们正坐在自己的小椅子上开心地踢着、咯咯地笑着的时候，一旦某个会动的玩具进入他们的视线内，他们就会暂时停下正在做的一切事情——不再咿咿呀呀，也不再踢来踢去。他们的呼吸和心跳节奏开始发生变化，手心开始出汗。更重要的是，他们会高度专注地注视着这个新玩具。

然而，很快，大多数婴儿会重新开始咿咿呀呀，踢来踢去，虽然通常来说他们还是会继续饶有兴趣地看着这个新玩具。但是，有些婴儿却有完全不同的反应。他们对于新玩具的最初反应不会消散——从一开始的"注意"，很快就变成焦虑。他们的脸皱起来，然后激动地哭起来，而且越哭越凶。通常在这种情况下，他们不会看这个新玩具，因为他们太心烦意乱了以至于无法集中注意力或对自己内心状态以外的东西产生兴趣。我们很难判断他们是否还在为新玩具感到焦虑，还是仅仅因自己的焦虑而焦虑——这是一种紧张感的连锁反应。不管怎样，暂时的停顿不再是暂时的——它会使婴儿不再探索新玩具。

正如杰罗姆·凯根、内森·福克斯（Nathan Fox）以及其他人所证明的，这种在遇到新现象或新声音时要么泰然自若，要么战战兢兢的早期倾向是一种非常稳定和强大的气质特征（Kagan & Snidman, 2009; Fox et al., 2008）。按照凯根的说法，它蒙上了一层厚厚的阴影。我们通常认为，气质会对儿童的情感和社会生活产生巨大的影响。然而，考虑到探索对于智力发展的重要性，不难看出气质也会给儿童的认知过程蒙上一层阴影。随着时间的推移，这种早期的抑制可能会对儿童对外部世界的兴趣产生实质性的影响。鉴于好奇心的核心特征不仅在于发现新奇事物的能力，还在于探索新奇事物的冲动，那些对新经验感到苦恼或退缩的儿童，他们很少会表现出好奇心，事实上，他们可能会以一种更安静的方式或者更少的频率表现好奇心，因为好奇心是与紧张感或恐惧感相竞争的。

气质似乎是个体好奇心差异的有力来源。有些儿童从出生起就喜欢探索新奇的空间、物体甚至是人。不受束缚的儿童在面对新经验时没有紧张感，他们会有更多更好的机会收集新信息，从而为他们所遇到的事情寻求解释。不同之处不仅仅是机会。不受束缚的儿童可能会从探索中体验到更多的愉悦，这反过来又会使他们更愿意探索下一个呈现在他们面前的新经验。在此，需要指出的是，一些研究过多聚焦在非抑制性（心理学家称之为兴奋）的风险上。这些研究表明，那些经常被新奇事物吸引的儿童会比较缺少内在约束，待他们长大后可能会出现一些特定的问题（如行为障碍和药物滥用）。但我们需要在认知上看到另一方面：由于执行控制功能的充分发展，追求新奇事物的儿童很可能会对知识充满渴望。

　　幼儿踏入陌生房间或探索新玩具的难易状况在一定程度上取决于他们的气质。研究人员早就发现，一个人对于新经验的开放程度是其个性的一个关键指标。此外，大多数人在这个方面并没有太大的变化，即被新食物或新房间困扰的幼儿很可能不愿意参加有陌生人的聚会，不愿意尝试新的运动，也不愿意品尝异国美食。反过来也是如此。那些对新游乐场、沙箱里陌生的儿童或者以前从未见过的动物感兴趣的婴儿，未来很可能会成为那些抓住机会去冒险、渴望参加新会议，并准备尝试新舞蹈的成人。他们对经验的开放性具有预测性和稳定性。纳奇曼、斯特恩及贝斯特（Nachman, Stern, & Best, 1986）提出了另一种方式，在这种方式下，儿童的情绪会影响他们对新奇事物的反应（也会因此影响他们探索未知事物的意愿）。他们认为，3个月大婴儿对新奇事物的偏好可能取决于刺激物给予他们的愉悦程度。为了证明这一点，他们让婴儿在两种不同的情况下熟悉一种玩具木偶。其中一些婴儿是伴随着愉快的"peekaboo"[1]歌声来熟悉玩具木偶的；而另一些婴儿在熟悉玩具木偶的过程虽然也会听到"peekaboo"这个词，但是语调比较平淡。结果

---

[1] 一种类似于藏猫猫的游戏，成人将脸隐藏然后再突然闪现来逗笑幼儿。——译者注

发现，听到歌声的婴儿会笑着睁大眼睛作为回应，而听到平淡声音的婴儿虽然也会研究并逐渐熟悉这个玩具木偶，但却丝毫没有表现出愉悦的迹象。不管是马上还是一周之后，两组婴儿都有机会看到熟悉的木偶或者陌生的、不熟悉的木偶。研究发现，那些伴随"peekaboo"歌声（在愉悦的状况下）熟悉之前的玩具木偶的婴儿较少可能研究新的木偶，而那些在最初熟悉玩具木偶时很少体验到愉悦感（但也没有不愉悦）的婴儿却更有可能研究新的玩具木偶。纳奇曼、斯特恩及贝斯特用这些数据说明，不能将儿童的情绪与他们对新奇事物的兴趣分开。这给我们留下了一个有趣的可能性，以及一个更深的困惑：如果婴儿在喜欢、依恋或已经知道的状态下不会十分渴望新奇的事物，那么为什么从整体上来说，乐观、外向的婴儿会比消极或抑郁的婴儿更热衷于探索呢？虽然我们没有足够的研究数据来回答这个问题，但研究人员的论证肯定支持这样一种说法，即好奇心既不能被认为是一种纯粹的认知体验，也不能被认为是一种纯粹的情绪经验。

探索儿童情绪健康与其对未知事物的兴趣之间联系的一种方法是，仔细观察那些在社交活动中缺乏平静与放松的儿童，即被诊断为自闭症的儿童的探索行为。自闭症的典型症状包括缺乏与他人的联系或融洽关系、对常规行为的严格遵守以及对于不熟悉的经验或常规生活中的变化感到极度痛苦。不难想象，具有这些特征的儿童对于新奇事物的反应不是感兴趣而是惊恐。但是，也有一些自闭症儿童探索并吸收了大量关于某些特定领域的知识，而且能够以一种近乎惊人的专注力和热情集中在某一话题上。几年前，我对一个患有自闭症的学龄期男孩进行一项个案研究，这个男孩拥有大量的天文学知识。他喜欢参观位于纽约的海登天文馆，在他保存的一本日记中，他写了许多关于恒星、星系和宇宙起源的条目。在已有的文献中也有很多像这个男孩这样的例子。

西蒙·巴伦-科恩（Simon Baron-Cohen）认为，自闭症儿童是"极端的系统化者"（extreme systematizers），他们感兴趣于发现那些能够解释系统是如何运作的模式（如数学、天气、计算机、商业、图书馆等）。巴伦-科恩将这种认知风格与"移情者"进行比较后发现，后者更倾向于关注他人的感受和动机。他还强调了"系统化者"和"移情者"之间的一种区别，即系统化者最容易学习到现象的有序性与逻辑性，而移情者更容易理解现象的不可预测性以及无序性（Baron-Cohen，Knickmeyer，& Belmonte，2005）。但上述论述中隐含着这样一种暗示，即自闭症儿童更适应那些可预测的，受规则、分类以及稳定因果关系控制的模式和系统，实际上他们确实也在寻找这类信息——他们想要找出真相。这表明，自闭症儿童根本上的抑制状态以及在某种程度上受限的情感依恋并没有限制他们的好奇心。有研究数据支持巴伦-科恩的观点吗？数据并不充分。在伊丽莎白·佩利卡诺（Elizabeth Pellicano，2011）及其同事所开展的一项研究中，他们把一般儿童和自闭症儿童分别带进一间寻觅室中，这个房间的地板上有 16 个绿点，而其中一个绿点中隐藏着一个红色靶心。巴伦-科恩通过证明自闭症儿童常常会对非常小的数组进行非常彻底而详细的探索，来支持他提出的自闭症儿童会比一般儿童具有更出众的搜索技能这一观点。而佩利卡诺及其同事所创造的这个更具动态性、复杂性，同时规模也更大的设施（寻觅室），更像是一个真实的情境，在这个情境中，他们发现，其实自闭症儿童所进行的搜索并没有一般儿童那么彻底、系统。换句话说，虽然自闭症儿童事实上可能会以一种非常彻底和精确的方式收集信息，但是在定义明确的（通常是非常狭窄的）范围内，他们探索更复杂的环境的一般性倾向和能力则是有限的。自闭症的抑制状态和在社交方面的不安感，可能导致他们缺乏探索行为及其背后的好奇心。在此，我的重点不是关注自闭症儿童可能缺乏的东西，而是为安全型依恋与好奇心之间的联系提供间接的支持。

但是，儿童与世界的互动是驱动其好奇心的全部因素吗？不受约束的儿童，与连续体另一端的儿童，也就是所谓的"精力充沛"的儿童（Barbaranelli et al.，2003；Schwartz et al.，2003；Fox & Henderson，1999），他们探索周围世界的兴趣是一样的吗？不一样。因为另一种稳定的个体差异在塑造儿童的好奇心方面发挥着一定的作用，那就是智力。

尽管就如何测量智力这一问题存在着激烈的争论（有时甚至是谩骂），但没有人会质疑这样一个事实，即有些人比另外一些人更聪明。每一项研究以及每一项常识都表明这是正确的。此外，虽然智力并不能说明年龄较大的儿童在好奇心上的所有变化，但它们之间还是有一些联系的。为什么不能说明呢？因为婴儿智力测量的标准化方法是给婴儿呈现一些视觉刺激（例如，某种模式的物体图片），然后测量婴儿在转向新图片之前在当前图片上停留了多久。这一测量方式背后的想法是，婴儿处理信息的速度可以通过他们对熟悉事物的厌倦速度以及寻求新事物的速度来衡量。换句话说，这个有充分证据证明的程序背后的假设是，婴儿想要获得新的体验——他们天生就会寻求新奇的事物。但在察觉新奇事物之前需要先处理好眼前的事物。婴儿"熟悉"一幅图片所花费的时间越长，转向新图片或是注意到它是新图片所花费的时间也越长。这也许可以解释为什么智力测试和好奇心测试在年龄较大的儿童身上是重叠的。信息处理速度是一种很好的智力表现——你越快了解面前的东西，就越能从中获得更多的信息，从而也就能越快地解决问题。

巴伦-科恩的观点试图表明，自闭症儿童虽然对于自己和他人的感受是死板的（认知上、社会性上以及情感上）、无视的，但他们的觉察能力往往十分敏锐——他们会孜孜不倦地到处寻找模式以及这些模式的例外。只是目前还没有数据真正支持这种说法。但是他的观点提醒我们，对于探索的兴趣依赖于个体差异的两大支柱——一个是情感上的胆量或开放性,另一个是比较经验的智力。虽然在研究中,情感品质(抑制、对新经验的开放性、灵活性)往往被视为一种绝对的品质,而智力被视为一种连续的品质;但在现实中,两者都具有一定的流动性。当谈到儿童的好奇心时,个体差异的这两个方面都会起作用。对于新经验,儿童可能会表现得非常开放,不受限制,但在处理信息或经验比较方面可能并没有那么快,反之亦然(也就是巴伦-科恩眼中的自闭症儿童)。综合这两个维度有助于我们理解,为什么好奇心在婴儿期看起来如此普遍且具有适应性,但随后很快又开始呈现出个体差异性。智力和气质均来自个体内部,不受外界影响,而且具有相当的稳定性。好奇心是一个人的求知欲和周围环境之间的动态联系。无论儿童多么勇敢或渴望新奇的事物,他也只能对自己遇到的事情产生好奇。因为头脑中必须要有一个真实的世界才能去发现与探索。而且探索是一个过程,不是一个瞬间。探索行为提供了一条重要的线索,它帮助我们解开了一个谜,那就是为什么随着儿童年龄的逐渐增长,好奇心这种普遍性的品质会变得越来越具有个体差异性。

大本营:蹒跚学步的探险家

婴儿不会贸然进入陌生的人和物的世界——他们会做每一位聪明的冒险家都会做的事——先建立一个大本营。婴儿勇敢探索的另一面是他们的安全感。

我们在50年前就已经知道,婴儿渴望融入周围的世界,但矛盾的是,他们需要安全感。他们需要一个"锚",而这个锚通常就是他们的母亲。

第二次世界大战期间及其之后,参观伦敦孤儿院和医院的经历,让约翰·鲍尔比（John Bowlby，1969/99）医生感到悲伤不已。尽管许多孤儿院里的婴儿在食物、清洁卫生以及睡眠方面都得到了充分的照顾，但是其中很多婴儿冷漠、矮小，而且在其他方面明显表现出了抑郁。这些观察结果使他认为，婴儿需要一个始终如一的人，与其建立依恋关系。当这种依恋缺失时，婴儿就不能正常发育。

鲍尔比的学生玛丽·安斯沃斯及其同事（Mary Ainsworth & Bell，1970）从经验的角度出发，对鲍尔比的观点进行了检验与拓展。他们发现，在有机会和照顾者形成依恋关系的婴儿与没有机会和照顾者形成依恋关系的婴儿之间存在着显著的差异，且即使是有机会与照顾者形成依恋关系的婴儿，他们之间也存在微妙但却重要的差异。

为检验这一假设，安斯沃斯设计了著名的"陌生情境"实验。陌生情境实验基于几个关键假设——即使是与母亲短暂的分离也会引起婴儿的痛苦；婴儿依恋的真正标志不是他所表现出的痛苦，而是在他与母亲重聚时的反应。这里要讨论的最重要的一点是，依恋的一个关键衡量指标是婴儿从与母亲短暂的分离中恢复的难易程度，也就是他们能够重新探索新环境的速度。

典型的陌生情境实验是这样的：让一名1岁左右的婴儿和母亲在一间有很多玩具的房间里，而且在某些情况下，房间里还会有另外一个人（即研究人员）。在某个时间点，母亲离开房间，研究人员观察婴儿与母亲分离后的反应。然后，母亲回到这个房间。接下来发生的事情就为解开依恋谜题提供了关键信息：当母亲返回后，婴儿会做什么？会不会露出轻松的笑容并冲进母亲的怀抱寻求安慰？还是会显得冷漠和漠不关心？就我们的研究目的而言，我们真正的问题是，婴儿接下来会在这个房间里继续探索和玩玩具吗？

对大多数心理学家来说，这是一个众所周知的研究。许多婴儿在这种情境下会高兴地迎接母亲，在短暂地依偎之后，他们会从母亲的腿上爬下来，继续开心地探索玩具。这类婴儿是属于安全型依恋的。也有一些婴儿，他们虽然在母亲离开时会大哭，但是当母亲回来时他们却会有不同的反应。他们可能伸出手来拥抱母亲或者在泪光中露出一丝淡淡的笑容。但是他们似乎并没有那么容易完全安下心来。他们要么停留在母亲的腿上，断断续续地抽泣试图恢复平静；要么漫不经心地走到玩具旁，但由于一直盯着母亲看而分心，以至于无法真正投入游戏中。安斯沃斯将这类婴儿的依恋类型称为不安全型依恋或焦虑型依恋。他们很难再专注于自己的探索，或者因为担心母亲再次离开而分心，或者为母亲刚刚的离开而生气。

这项研究的结论很明确，即儿童的依恋品质会对其探索周围世界的活力以及深度产生重要影响。那些担心或在某种程度上不确定他们与母亲的关系的儿童，不太可能在身体和心理层面进行探索来收集信息。

虽然人们对于早期依恋在儿童社会和情感健康领域的长期影响给予了很多关注，但却很少关注研究中浮现出的另一个同样重要的观点，那就是人际关系是儿童探索物理环境的一个关键因素。确实，一系列实验研究表明，那些拥有更强的情感和自我管理能力的儿童，事实上会随着年龄的增长而表现出更多的好奇心。

在一项纵向研究中，阿伦、戈夫以及斯鲁弗（Arend, Gove, & Sroufe, 1979）对 2 岁儿童的依恋安全性进行了评估。当这些儿童到了四五岁的时候，研究者们再次对他们的自我功能、自我控制以及社会适应度进行评估。心理学家主要感兴趣的是，这些儿童在 2 岁时的依恋类型是否能够预测他们 5 岁时的自我功能。而且研究者们恰好也测量了这些被试的好奇心水平。他们将每一个四五岁的被试都带进一间实验室，实验室的地板上放着一个盒子，盒子里面装着一系列有趣的但同时也不太寻常的玩具。每个儿童都被邀请花一些时间来认真检查这个盒子以及里面的玩具，与此同时，一位研究者坐在旁边对儿童的行为进行观察和记录。后面的章节会提及这个"好奇心盒子",因为它在好奇心研究的历史中扮演着很小但却很重要的角色。但现在,我们只需要考虑阿伦等研究者的测量与发现。每名儿童接近盒子的速度、头10分钟触摸物品的数量以及探索物体时所使用的姿势的数量各不相同。这些后来都成为儿童的好奇心得分。那些被评为高好奇心水平的儿童,他们不仅在自我功能和自我控制方面得分更高,而且更有可能在2岁时表现出安全型依恋。那些在2岁时表现出不安全型依恋或焦虑型依恋的儿童,他们通常会在接近盒子的过程中花费更多的时间,探索盒子中更少的物品,同时在探索物品时也表现得不太热切(通过姿势的数量来确定)。

在一项有关学龄前儿童探索物体的早期描述性研究中,研究者将学龄前儿童带进一个房间,这个房间里有一系列玩具,其中五个玩具是儿童所熟悉的,还有一个对他们来说是新奇的。研究者科妮·赫特(Corinne Hutt,1970)注意到,有些儿童会积极地拿起玩具,并尝试用各种姿势和行为对它们进行探索,有些儿童却缺乏这种探索的渴望和独创性。她将这些儿童描述为羞怯,并指出,当这些儿童玩熟悉的玩具时,他们会以某种具有"重复性或刻板性"的方式来玩。"例如,一个小女孩把绑在卡车上的绳子在她的手指上绕了一圈又一圈,然后又在她的脚上绕了一圈又一圈"(p.70)。

贯穿这项研究的是一种联系,这种联系在其他研究文献中也可以发现——依恋类型和气质之间的紧密联系。这种联系最早是在对非人类的研究中发现的。例如,哈里·哈洛(Harry Harlow,1958)的研究就非常清楚地表明了这种联系。他指出,在抚养过程中缺乏依恋对象的猴子会表现出更多的恐惧,而这种恐惧会妨碍它们对于环境的探索。观察结果也显示,饥饿会降低动物的探索行为——刚吃过东西的动物更有可能探索周围环境中的新事物(Dashiell, 1925; Saxe & Stollak, 1971)。哈洛认为,让猴子拥抱一个可以给它带来舒适感的物体（有生命的或没有生命的），能够使它放松下来。这种放松感能够减轻猴子对于未知的恐惧，促进它对于新刺激的探索。在一项有关依恋类型与探索行为之间关系的研究中，斯基切和斯潘格勒（Schieche & Spangler，2005）发现，回避型学步儿（当母亲离开房间时看起来并不痛苦，而当母亲回来时，同样显得心不在焉）最不可能参与新任务或探索新材料。

以上有关儿童或动物的实验研究和观察研究均表明，表象之下的内在因素。为了更好地理解儿童探究行为赖以发生的强大的社会和情感环境，我们可以简单地观察处于复杂环境或新环境中的学步儿。

在我侄女麦蒂14个月大的时候，有一次，我和她妈妈把她放在地板上玩，我们俩在餐桌边喝茶、聊天。在她旁边有几个玩具——一个软球，几个小汽车，还有一辆装满彩色积木的小货车。她爬来爬去探索着各种玩具。她把球举起来扔出去，但是她很快就失去了兴趣。然后，她研究了一会儿小汽车，又慢慢地将它放回到地板上。接下来，她从小货车里取出三块积木，并小心翼翼地将一块积木叠放在另一块积木上面。我们转过身来，发现她如此愉悦而专注，还渴望与我们交流。我们俩一直不停地看向麦蒂，以确保她是安全的。

突然，我隐约地感觉到有什么事情发生了变化。很难说出她有什么不同——她那张沉静而专注的脸庞，还有她那张异乎寻常紧闭着的嘴巴。我对她妈妈说："里面有东西，她嘴巴里有东西。"她妈妈迅速地将手伸进麦蒂的嘴巴里，从里面取出了一颗木工钉。她一定是在地板的裂缝里找到的。我的侄女明显是厌倦了球和积木这样熟悉的玩具，所以把注意力集中在地板裂缝中那个更迷人、更陌生的东西上。也许是因为它太小了很难用手指摆弄，于是她发现了另一种探索它的方式——将它放进嘴巴里。谁知道它在嘴巴里发生了什么？或许她用舌头探查了一下钉子的边缘，小心翼翼地探索钉子锋利的末端，又或许她感兴趣于钉子在她舌头上的重量。还有可能，她是在等着看我们发现了之后会怎么做。我以自己摔倒的故事开启了本章，现在要以一个学步儿将木工钉塞到自己嘴巴里的故事来结束本章。我希望自己已经证明了这样一个观点，即学步儿对于新奇事物的反应与他们的恐惧感有关。正如我的两则故事所表明的那样，危险和风险与好奇心相伴而生。

在很多情况下，我们认为，随着儿童年龄的增长，他们会变得越来越独立于周围的成人。他们学会走路，能自己走来走去；他们学会说话，能和不太了解他们的人交谈；在没有亲人陪伴的情况下，他们也能更好地活动。然而，就好奇心而言，随着儿童的成长，成人只会变得更加重要。当谈到学步儿对于周围世界的探索时，他们有一种特别有效的探索方式，即利用父母来满足自己的好奇心，也就是向父母提问题。

第 3 章

对 话 者

3岁时的事情,我只记得两件。第一件是每天去幼儿园。我骑坐在妈妈自行车的后座上,从我们位于曼哈顿东八十九街的家去往位于东七十三街麦迪逊大道上的长老会学校。每天早上,我和妈妈都会玩一个叫作"红灯绿灯"的游戏。我们两个轮流,每个人都得想出一种新的灯光颜色。游戏开头很简单,就是:红灯、蓝灯、黄灯。但直到今天,我依然记得当我非常巧妙地想到令人惊讶的"米色灯"时那激动人心的时刻。

我对于那个时期第二件事情的记忆并没有那么具体,但它却能触及儿童早期好奇心的核心。虽然妈妈每天早上送我去幼儿园,但中午去接我的是我们家的保姆。我们一起回到家,她会给我一个花生酱三明治和一瓶牛奶。然后,她开始熨我家的衣服,而我就坐在熨衣板下面的地板上歪着头看电视。这时候,我们会交谈。我就电视上看到的东西问她问题,喋喋不休地跟她说早上幼儿园里发生的事情,给她讲我自己创编的故事,而且希望她能对我的故事产生更多了解的欲望。幼儿园给我提供了一点教育,而我与保姆透过熨衣板进行的谈话却教会了我更多的东西。

当儿童刚学会走路的时候,身体就成为他们探究世界的异常强大的工具。他们可以到处走动、抓取东西、攀爬、建造、拆东西、打开东西(Campos et al., 2000)。他们检验自己的内隐理论——而且他们确实这样做了。他们看着一个玩具沉没在浴缸里,另一个玩具却漂浮在水面上。面对这样的难题,很多儿童会持续花时间试图解决这种由不同的现象所造成的困惑。在他们的行动中隐含着两种类型的问题:是什么(如果我把船倒过来会发生什么），以及为什么（为什么有些玩具漂浮而有些玩具下沉）。正如所有科学家都知道的，回答了"是什么"才有可能回答"为什么"。

他们的行动告诉我们，他们想要了解更多。而且，他们的行动也引导他们获得新知识。但是，大多数3岁的儿童在探究"是什么"以及"为什么"的问题上会发生翻天覆地的变化。他们获得了如同蒸汽机一般的认知能力，即学会交谈，进而发现新事物、收集新信息。但是，他们并没有从喃喃自语、攀爬、敲打等活动中直接跳入这个充满问题的世界——这些问题只是为他们指明了方向。

从手指到提问

人们很容易想到，一旦儿童学会了语言，他们就会突然觉得自己发现了一种能够满足好奇心的新工具，随之而来的就是令他们感到好奇的新世界。直到前不久，这还是有关儿童发展研究中的一个未经检验的假设，即在儿童习得语言之前，他们会对世界采取行动，试图发现事物的组成、运作方式以及接下来会发生什么等。在这种情况下，学习语言就像一种引导，为儿童提供了一种强大的新工具，引导他们开启以下两种学习机制——一种是向他人学习，另一种则是学习无法通过直接行动发现的事物。

然而，证据表明，在习得语言之前儿童就会问别人问题。似乎在儿童会说话之前，他们就已经感兴趣于发现世界上那些他们无法独立发现的问题。

迈克尔·托马塞洛和科尔文·特雷瓦森（Michael Tomasello & Colwyn Trevarthen）一直认为，儿童用手指作为邀请成人同他们一起思考的一种方式。他们的研究强调儿童与周围人分享物体和事件经验的方式，以及他们内化这些物体和事件文化价值的方法。一组由维多利亚·索斯盖特（Victoria

Southgate）及其同事所开展的有趣的新实验表明，早在儿童能问问题之前，他们就能用"手指"的方式让成人告诉他们想知道的事情（Southgate，Van Maanen，& Csibra，2007；Begus & Southgate，2012）。索斯盖特及其同事还认为，这种手指的方式所揭示的不仅仅是一种共同思考的邀请。因为儿童手指的更多是一些新奇的或不熟悉的物体和事件，而不是他们所熟悉的那些物体和事件。只有当他们觉得身边的成人是学识渊博的信息提供者时，他们才更有可能用手指。在一项研究中，一名实验者首先通过给儿童熟悉的物品命名的方式来向儿童证明她是否可以信任（基于对儿童父母的调查）。她要么正确要么错误地命名儿童熟悉的物品。然后，再给儿童呈现一些他们不熟悉的物品。果然，当实验者证明她在物体命名方面是可信任的、知识丰富的时，儿童才更有可能用手指着不熟悉的物品看向实验者。这些研究表明，儿童在能够问问题之前，会以相当微妙的方式利用成人来获得信息。他们从父母那里寻求有关周围世界的信息，以及如何解释事件的指导。换句话说，在儿童还没有能力用语言表达之前，他们就已经对这个可以被解释的世界产生了兴趣。这意味着，一旦儿童学会说话，他们就准备好潜入别人的知识世界。语言的习得改变了他们的世界，而问题是这一改变得以发生的关键。

问题的萌芽

我的一位同事告诉我，他 2.5 岁的儿子卡伊非常喜欢一个新游戏。他通过高喊"问号"来启动这个游戏。然后，在引起父亲的注意之后，他会继续高喊："当我从学校（他所在的日托中心的名字）回到家时我会做什么？"他父亲回答："玩游戏？"每一次，卡伊都会怀着胜利的喜悦（而且带着一丝轻松感，因为他的问题引出了正确的答案）喊道："正确！我会玩游戏！"像很多学步儿一样，卡伊对于问题形式和功能的发现打开了一个包含人际交往和智力发展可能性的海洋。

多年以来，有关儿童的日记记录，以及他们在家或外出时与照顾者之间交流的录音，为我们提供了有关儿童早期语言发展的宝贵信息来源（Wallace, Franklin, & Keegan, 1994）。正如大多数写过儿童日记或使用儿童日记数据的心理学家所证实的那样，这些数据提供了任何实验都不能提供的东西——儿童在日常生活中使用语言解决对他们来说很重要的问题的画面。此外，持续不断的自然主义式记录让我们得以一瞥儿童对于某些语言的使用是如何出现的。这些日记使我们能够追溯词汇的出现，语法形式与语用技能的习得，语言从类别到概念化的过渡，以及其他现象。通过几个月或几年里对某个儿童语言的完整记录，我们实际上可以从中看到其语言发展的过程。这些日记表明，2岁的儿童正在努力掌握问题形式。

语言学家威廉·拉博夫与妻子特里萨·拉博夫（William Labov & Teresa Labov, 1978）记录了他们最小的女儿杰茜从婴儿期到4.5岁所说的所有话语。在一篇分析杰茜语言的论文中，拉博夫夫妇描述了在某个特定的下午杰茜所提出的所有"WH"式问题［即什么（what）、什么时候（when）、什么地方（where）、为什么（why）以及怎么（how）］。他们这样做是为了确定儿童如何掌握"WH"式问题微妙而奇特的语法。他们的兴趣在于说明，掌握提问的语法规则需要大量的实践练习，而且这种语法规则并非如乔姆斯基（Chomsky）先天"语言本能"理论所暗示的那样是一种固有的结构。虽然问题的重复可能意味着儿童需要练习某些难以掌握的语法（例如，"为什么"的问题需要用到的倒装结构），但这并不是杰茜问这么多问题的唯一原因。杰茜对于练习问题句式的勤奋与她努力学习那些似乎令她感到困惑的事情的坚持是并行的。拉博夫夫妇所做的这些记录揭示了，杰茜想要更多地了解的是哪些类型的事情。

在1975年7月16日的某段时间里，3岁10个月大的杰茜问了20个问题。有趣的是，在这些问题中只有2个问题是为了弄清楚某个东西是什么：（1）"那是什么？"（2）"这是什么？"（不清楚杰茜是想知道这个东西的名字，还是想知道这个东西的功能的一些更具体的信息。同样不清楚的是，这个问题是接着第一个问题问的，还是指另一个东西）然而，比这更有趣的是，拉博夫夫妇的记录显示，杰茜所问的大多数问题都不是那么直截了当，而且这些问题似乎也不是为了识别她眼前环境中的事物。她的绝大多数问题都剥离了事物的表面，为的是了解有关这个世界的更复杂或更难以触及的方面。杰茜想要了解什么？她的一些问题是为了寻求当下她无法直接触及的一些基本信息，即通过物理探索无法回答的问题。例如，她问："小鸡在哪里？""费城在哪里？""环境中的某些物体来自哪里？"她还问了一些有关物理世界的问题，这些问题涉及抽象的物体和物体类别。例如，她问："桃是否比杏大？""太阳对雪做了什么？"在这里，她似乎想要更好地了解物理世界内部的运作方式。保罗·哈里斯（Paul Harris，2012）指出，即使是在涉及自然世界的事情上，儿童也会向成人提问，而不是仅仅依赖于自己与物体的互动。

拉博夫夫妇认为，从与儿童的对话中可以发现他们在多大程度上练习复杂的问题结构。如果这种问题结构练习是他们发展过程中的唯一目的，那么一旦当他们掌握了这种复杂的问题结构，这种练习的普遍性就会减少，特别是在儿童直接经验可能已经足够的情况下。然而，数据表明，情况并非如此。即使儿童已经掌握了问题的语法结构，他们依然会不断地向父母提出有关周围世界的各种问题。米歇尔·乔伊纳德利用CHILDES中的数据，分析了四名儿童在 14 个月到 5 岁 1 个月这段时间里所提出的问题。这些录音包含 24741 个问题，229.5 小时的谈话。在这项研究中的儿童平均每小时会问 107 个问题——仔细想想就会发现，这是多么令人惊讶的问题量。这意味着，在录音的过程中，有些儿童在 1 分钟里问了不止一个问题（2007）。

就像拉博夫的女儿杰茜一样，乔伊纳德的研究对象提出了许多问题，这些问题同样也揭示了他们对于周围发生的事情的广泛兴趣。平均来说，他们提出的旨在获取新信息的问题，是他们提出的旨在获得许可、解释正在进行的活动或查明某些人踪迹的问题的 3 倍。换句话说，儿童向成人寻求信息，不仅能够帮助他们探究周围的世界，还有助于满足他们的认知好奇心。

在另一项研究中，乔伊纳德收集了 68 名 1—5 岁儿童的日记数据，这些数据来自一所大学校园的研究型学前教育机构，这项研究可以说是补充了她先前开展的那项对四名儿童的语言所进行的分析研究。该研究要求家长对儿童提出的问题进行为期一周的记录。结果，乔伊纳德再次发现，这群儿童问了大量的问题。此外，和最初的那四名儿童一样，这些儿童首先倾向于问一些简单的有关情境和物体的事实性问题，然后在此基础上，开始询问一些包含更深层次信息的问题，如对于事件的解释。

乔伊纳德对这两组数据的分析表明，当儿童遇到新事物时，他们首先会收集一些直截了当的信息——"它是什么？""它可以做什么？""那个小东西叫什么？""有很多吗？""他们在哪里睡觉？"等等。就连这些问题似乎也是从一些直接而具体的问题转变为在时间和空间上存在某些错位的问题，正如杰奎琳·萨克斯（Jacqueline Sachs，1983）在几年前使用自己女儿内奥米的日记数据所指出的那样。

一旦儿童获得了足够的信息来建立知识基础，他们的问题就开始转向寻求更深层次的理解。现在，他们想要解释——为什么某些东西会以某种特定的方式运作？为什么人们会以这种方式而不是另外一种方式行事？为什么事情会以某种特定的顺序展开？上述一系列问题表明，儿童提问题并非仅仅为了打发时间、主导对话或者是吸引成人的注意力；当然也不是单纯为了练习对话本身的语用学。相反，学龄前儿童是用问题来构建他们关于一系列主题的知识框架。乔伊纳德认为，儿童是用问题来获得一些通过直接经验无法获得的事物信息。他们想要知道，人为什么会变老？为什么某些食物在阳光下会融化而其他食物不会？等等。弗雷泽、格尔曼和韦尔曼（Frazier, Gelman, & Wellman, 2009）通过分析学龄前儿童与成人之间的对话发现，当儿童的问题得到了令他们感到满意的解释时，与问题没有得到令他们感到满意的解释时，他们的反应是不同的。他们的研究还进一步证明，儿童问问题不仅仅是为了引起注意或者学习语言形式，更多的是为了解决不确定性并充实他们的知识。儿童的反应也表明，他们在意的是自己的问题是否得到了回答。

所有这些研究还说明，儿童想要了解那些他们无法直接接触到的东西（复杂且难以接触到的物理过程）。然而，也有一些研究表明，儿童非常感兴趣于获得一些由文化所建构出的或由文化所渗透的信息。

芭芭拉·蒂泽德和马丁·休斯（1984）的研究也表明，学龄前儿童在使用问题来超越其周围直接而具体的世界方面是何等熟练。在20世纪80年代，他们给30个三四岁的小女孩穿上里面缝有录音装置的罩衫，以此对每个小女孩进行记录。在家里录音2.5小时，在学校录音5小时，因此他们所采集的数据中包含每个小女孩在这7.5小时里的所有对话。结果发现，当她们和母亲在家时，平均每小时会问26个问题（在家庭观察这段时间里，有一个小女孩竟问了高达145个问题）。其中，大约60%的问题是为了获得新信息或者了解更多信息。蒂泽德和休斯将这些对话称为"认知搜索事件"

（episodes of cognitive search），以了解这种对话是如何让儿童扩展知识视野的。接下来的一段对话可以帮助我们了解，儿童是如何探索那些远远超越当下简单事实的话题的。

儿童：我们的屋顶是倾斜的吗？

母亲：嗯。我们有两个倾斜的屋顶，它们在房顶中间相交。

儿童：为什么我们的屋顶是倾斜的？

母亲：哦，这只是房子的建造方式。大部分人家的屋顶都是倾斜的，这样雨水才能顺着屋顶流下来。如果屋顶是平的，雨水就会流向房顶中间并形成一个大水坑，然后雨水可能溢出来。

儿童：但是我们学校就有平屋顶，你知道的。

母亲：是的，确实如此，不是吗？

儿童：你是说雨水会流到中间并溢出来吗？

母亲：噢，雨水不会溢出来，因为屋顶可能建有排水沟，这样雨水就会顺着排水沟流走。所以，也有很多公寓楼屋顶是平的。但是，在建造这些公寓楼的那个年代，一般房子的屋顶都是倾斜的。

儿童：劳拉（他的朋友）家的屋顶是倾斜的吗？

母亲：嗯。劳拉家的屋顶和我们家的很像。在下雪多的国家，他们的屋顶会更加倾斜。这样当雪多的时候，就会顺着屋顶落下来。

儿童：但是，如果屋顶是平的怎么办？也需要一个排水沟将雪排下去吗？

母亲：不是的，雪会堆积在屋顶上，融化之后则会形成一个大水坑。（124）[保罗·哈里斯在其著作《相信别人告诉你的》(*Trusting What You're Told*)的第40页对这段对话进行了精彩的讨论。]

仔细阅读这段对话就会发现，这个叫贝思的孩子在与母亲的对话中解决了一系列问题。她想知道，什么是倾斜的屋顶？她们家的屋顶是否是倾斜的？倾斜的屋顶有什么用途？如果倾斜的屋顶有这些用途，那么为什么学校的屋顶是平的？平屋顶会有什么后果？这些问题中的每一个问题都是建立在前一个问题的基础之上的，当贝思完成了这一系列的交叉性询问之后，她就获得了一个令人惊讶的连贯的新知识体系。

此外，通过对话，贝思可以将物质世界的信息与社会世界的信息交织在一起。事实上，倾斜的屋顶易于排水并不是由社会建构出来的——它遵循的是自然规律；不同的人或人群的房屋屋顶的类型也不同，这一现象指向的是一种特定的文化事实（一个地区典型的房屋类型；在许多国家，屋顶类型各不相同反映出的则是住在房子里的人之间的各种差异，等等）。

有些时候，学龄前儿童所寻求的是不能通过直接经验获得的信息，而且这些信息从本质上来说纯粹是社会性的。正如杰茜·拉博夫所问的问题："你为什么跟爸爸说你可能在开玩笑？""为什么我们不能穿凉鞋在树林里散步？"以及"当你想发财的时候，你会怎么做？"在这里，杰茜想要了解的是有关文化习俗的问题。毕竟，在一些地方，人们确实会在树林里穿凉鞋，而对于开玩笑和讽刺的理解也会因文化而异。当然，在美国宾夕法尼亚州的一个大学城获得财富的手段，与在印度尼西亚农村获取财富的手段是不一样的。她还会询问一些有关含混不清的或复杂的现象的问题，就这些现象而言，文化原则和自然原则之间的区别并不清楚。例如，她会问："为什么孩子长大之后就没有爸爸了？"——换句话说，她寻求那些能够帮助她缩小自己对现实的建构与她通过对话所洞察到的成人对现实的建构之间的差距的信息。而这又使我们产生了另外一种好奇心，对儿童来说，这种好奇心只能用问题（包括那些没被看到的以及看不到的问题）来满足。

哈里斯认为，儿童想要学习的很多东西要么是肉眼很难看到的（如细菌），要么是没有直接的物理存在形式的（如爱）、无法被看到的（如过去），或者是只有依靠人类的想象才能存在的（如上帝、圣诞老人）。然而，研究表明，即使是在儿童能够观察和操作的物质世界中，问题也能够为理解事物是什么或能够做什么，以及他人如何看待和对待提供一条途径——他们想了解这个中介世界（the mediated world）。

在20世纪20年代，威廉和克拉拉·斯特恩（William & Clara Stern）对他们三个年幼的孩子希尔德、冈瑟和伊娃所说的大部分话进行了记录。下面这段对话记录的就是在希尔德3岁7个月大的时候，她询问威廉·斯特恩所说的"因果问题链"的情形，即每一个原因都会产生另一个关于其原因的提问（Stern，1924，p.170）。下面这段对话是在希尔德看到图画书中的鲸鱼时展开的。

希尔德：鲸鱼吃什么？

母亲：鱼。

希尔德：它为什么吃鱼？

母亲：因为它饿。

希尔德：它为什么不吃面包卷？

母亲：因为我们没有给它面包卷。

希尔德：我们为什么不给它面包卷？

母亲：因为面包师只为人类做面包卷。

希尔德：为什么不给鱼做？

母亲：因为他们没有足够的面粉。

希尔德：为什么他们没有足够的面粉？

母亲：因为种植的谷物不够。你知道面粉是谷物做的吗？

希尔德：哦，原来如此。

希尔德的问题从图画书上的鲸鱼在做什么开始，到它能做什么、它为什么要吃它所吃的东西，最后问到了人类和人造物（面包卷）的世界。通过对话，儿童可以建构起那些能够将物质世界置于文化背景之下的知识。

具有讽刺意味的是，这些例子都间接支持了皮亚杰的观点，即儿童通过互动建构知识。只是这些例子中的互动是通过语言而不是物理操作完成的，而数据来自人们所说的话而不是物体的特征。我所举的例子也说明，儿童能够从这样的对话中得到什么在很大程度上取决于他们的对话伙伴。

当斯特恩夫妇和拉博夫夫妇对他们孩子的语言进行记录时，他们的优势是能够持续地接触这些年幼的研究对象。然而，这些孩子并不是普通的孩子——他们不仅是在显微镜下长大的，而且他们的周围都是受过良好的教育、饱含兴趣以及对他们给予积极回应的父母。现代化的研究方法使我们得以超越日记案例研究。便携式麦克风、电子数据库和大规模研究使我们有条件了解，那些父母没有受到过良好教育的儿童是否也会使用问题来探索日常生活中间接且无形的方面。

如同指纹一样的语言

虽然问问题是大多数 2 岁左右儿童的一个普遍追求，但即使是在这个方面上，他们之间也不尽相同。例如，乔伊纳德在对之前的 4 个儿童进行深入研究中发现，他们之间存在很大的差异。其中一个叫作阿贝的孩子，他平均每小时问 69.6 个问题，而亚当平均每小时问 198 个问题，这几乎是阿贝所问问题数量的 3 倍。因此，一方面，我们可以看到，问问题是学龄前儿童的一种主要交流方式——他们会说很多话，而且会将说话作为了解世界的一种方式。但在这个年龄段的普遍性特征中，也有可能看到一些个体差异的微光，用凯根的话来说，可能会投下长期的阴影。

乔伊纳德承认，她在专著中分析的那 4 个个案儿童并不能完全代表广泛的儿童群体。我们如果对更多儿童进行类似的分析，就会从他们提出的问题中了解到什么？我们会从中发现更多的阿贝或亚当吗？他们家庭生活的具体特征是否能够提供一些线索，用以说明为什么有些儿童问的问题会比另外一些儿童多？

为了回答这些问题，我们需要考虑一下儿童的成长背景。大多数儿童习得成熟语言的各个组成部分的顺序都是大致相同的。早在儿童会说话之前，他们用手指的方式来问问题。然后，他们开始用一个物体（如梳子）来表征另一个物体（如电话）。接下来，全世界的儿童都会意识到，每样东西都有名字，于是他们开始快速地学习新词汇。在词汇量激增的过程中，他们开始将词汇进行有序的组合——换句话说，他们开始造句。虽然儿童学说话的速度各不相同，但他们语言发展的顺序是具有普遍性的。与此同时，语言也是了解不同国家、不同社区以及不同家庭之间差异的一扇绝佳窗口。

中国上海的儿童和美国明尼阿波里斯[1]的儿童不仅所说的语言不同，他们使用语言的方式也不相同。这方面最生动的例子来自一项有关儿童如何学习使用语言讲述故事的研究。佩吉·米勒和海蒂·冯（Peggy Miller & Heidi Fung）比较了中国台湾家庭和欧美家庭采用亲身故事（personal storytelling）来使儿童社会化的方式差异。这两种文化中的成人都会对儿童努力讲述的那

---

[1] 美国明尼苏达州的一座城市。——译者注

些正在发生的或已经发生的故事做出回应、评论，甚至还和他们一起讲述。每种文化中的成人都会鼓励孩子在讲述故事时突出特定的形式和风格。但同样有趣的是，米勒和冯发现，中国台湾的家庭强调儿童在讲故事时的倾听者角色，而美国家庭倾向于鼓励儿童成为故事的叙述者。因此，稳定而有意义的文化差异看起来不仅体现在儿童所讲述的故事内容上，还体现在他们在故事讲述中所扮演的角色上（Miller et al., 1990; Mullen & Yi, 1995）。

我们不需要跨越国界去寻找这些差异。相邻的两个家庭在讲故事的目的上可能就存在不同。雪莉·布赖斯-希思（Shirley Brice-Heath, 1983）在她的经典著作《言语方式：社区和班级中的语言、生活和工作》（*Ways with Words: Language, Life and Work in Communities and Classrooms*）中指出，20世纪70年代末，在某个白人工人阶级社区长大的儿童学会把讲故事作为传授道德的一种方式。对他们来说，只有那些能够揭示人性弱点以及这些弱点所带来的后果的故事才是结构良好的故事。早在儿童自己会讲故事之前，他们就听大人讲故事，在此过程中他们开始内化故事的"价值"。接下来，当他们自己开始讲故事的时候，大人们就会给他们反馈，并进一步向他们灌输社区所重视的叙事习惯。相反，在附近的一个黑人工人阶级社区长大的儿童则学会把讲故事作为与他人联系的一种方式。对他们来说，能够吸引观众和强化人际关系的故事就是好故事。当然，在这里，儿童首先是通过观察，然后通过接收到的反馈来学习讲故事的。

但是，在儿童会讲故事之前，父母与他们说话的方式以及周围环境对他们的影响就已经存在个体差异性了。到儿童3岁时，父母与他们交流的方式便塑造了他们未来的智力状况。

想象一下，如果让你预测你刚刚遇到的两个学步儿的学业前景，那么你想了解他们的哪些信息？下面三方面的信息可能对你有很大的帮助：父母的智商、年收入以及是否阅读。当发展中国家的母亲被施以阅读教育之后,即使他们的生活没有任何改变,儿童的死亡率也会下降。因为学习了阅读的母亲更有可能为孩子寻求各方面的医疗保健,同时也更有可能与更大的机构(医院和学校)建立联系,以保障孩子茁壮成长(Levine et al., 2012)。在美国,对低收入父母进行阅读教育能够直接影响孩子的未来收入。当美国的母亲学习了阅读之后,他们的孩子更有可能在学校取得学业成功。也就是说,阅读的影响已经超出了医疗保健和政府资源使用的范围。热爱阅读的父母可以改变孩子的智力。

哈特和里斯利(Hart & Risley, 1995)将贫困儿童所听到的语言与拥有较多经济资源的儿童所听到的语言进行比较。与来自富裕家庭的儿童相比,贫困家庭的儿童所能听到的任何形式的对话都要少得多(Fernald, Marchman, & Weisleder, 2013)。而且贫困家庭的儿童听到的对话内容与中产阶级儿童听到的对话内容也是不同的。贫困家庭儿童听到的大多是所谓的"事务性对话"——告诉他们该做什么(如"关上门""穿上鞋""该走了""不要碰,它很烫")。相比之下,中产阶级的儿童更有可能听到有关过去发生的事情,可能发生的事情以及人们的想法和感受的对话(如"你今天在学校唱歌了吗?""我想知道这场雨是否会使花儿生长?""我觉得凯莉的气球爆炸时她很难过,不是吗?")。这些中产阶级家庭的孩子与成人的交谈不仅更为频繁,而且每次交谈的时间也更长。这使他们得以接触更多的词汇、更复杂的语法、更多样的会话形式以及更多的对话练习。

早期的语言环境是儿童未来能否取得学业成功的一个有力的预测因素。在贫困中成长的儿童听到的词汇总量要少得多、学习阅读的难度也会更大,最终到了三年级的时候,他们在学校的学业表现就可能较差(Hart & Risley, 1995; Fernald, Marchman, & Weisleder, 2013)。如果一个儿童的父母只是使用语言来处理实际性的任务，那么这个儿童可能就很难用语言来实现不那么实际但更令人深思的目的。这对于解释贫困儿童在学习使用语言描述事物、构建论点以及解决抽象问题方面的相对困难有很大帮助——换句话说，他们在学业学习中的语言使用上存在困难（Snow，1983，2010）。凯瑟琳·斯诺（Catherine Snow）和她的同事们证明，中产阶层的父母与孩子的交谈方式很特别，而这种特别的交谈方式似乎能够为孩子做好阅读准备。除此之外，他们还会以一种"语义相关"（semantically contingent）的方式来回答孩子的问题，也就是说，在意义上接近儿童所关注的内容。他们会巧妙地要求孩子使用他们所能运用的最高水平的语言（例如，一个儿童已经表现出有能力提出符合语法规则的问题，如果当他倒退回用不成熟的形式来问问题的时候，他就可能被父母要求重新问问题），还会不断地鼓励孩子以一种脱离语境的方式使用语言，这是读写能力的关键。换句话说，父母和孩子可能拥有丰富的语言使用技能，但这些技能并不包括形成读写能力基础的特定特征。当这些特征缺失时，儿童可能会遇到更多的阅读挑战。而当这些特征在场时，儿童往往能够轻松地学会阅读。理查德·赖特（Richard Wright）的事例深刻地说明，没有文化背景的儿童究竟会错过什么，赖特是在相对较大的年纪才感受到文字的力量的。17岁的时候，他向一位白人借了一张图书卡，然后到图书馆借了一本门肯（H. L. Mencken）的书，他很好奇门肯是谁以及为什么他会引起南方人如此愤怒。

那天晚上，在租的房间里，当猪肉豆子罐头被浸在水槽中的热水里时，我打开了《序言集》[1]（*A Book of Prefaces*）开始阅读。我被他的写作

---

[1] 门肯于1917年出版的一部散文集，其主要内容是批判美国的文化、作家以及社会运动等。——译者注

风格以及清晰、干净、有力的句子震撼了。他为什么这么写？怎么会这样写？我把这个人想象成一个狂暴的恶魔，充满愤怒地挥舞着笔刀，他谴责美国的一切，而赞美欧洲或德国的一切，他嘲笑人们的软弱，也嘲笑上帝和权威。这是什么？我站了起来，试图弄明白这句话背后的真实含义……是的，这个人在战斗，在用语言战斗。他把语言当作武器，就像人们使用棍棒一样。语言能成为武器吗？是的。在门肯这里可以。然后，也许、大概、可能我也可以把它当作武器。

就儿童对于语言的使用而言，国家和家庭收入并不是造成他们之间差异的唯一因素。每个家庭都有属于自己的语言"指纹"，至于为什么会这样，原因尚不完全清楚。

在英国的布里斯托尔，戈登·韦尔斯（Gordon Wells，1986）给32个儿童穿上了缝有麦克风的背心。然后，他对这些儿童日常生活中的语言进行记录，从1岁一直记录到他们小学毕业。这些录音显示，在1—4岁时，他们在家里参与了大量的对话。接下来，韦尔斯继续跟踪研究对象到学前班，并记录他们在课堂上的语言活动。他发现，那些在家里参与很多对话和长时间对话的儿童在上学之后学习阅读更容易。他没有比较不同经济群体的儿童之间的语言差异，而只是关注英国工人阶级家庭儿童之间的差异。所以，事实上，他所看到的差异似乎反映的主要是这些儿童所在的家庭风格之间的差异，而不是玩具数量和进入家庭私人空间机会等方面的差异，或者是父母空闲时间以及受教育水平的差异。即使是同属一个国家的一个经济阶层的儿童，他们所学习的也是有关说话的原因和方式的不同东西。

不同的家庭之间似乎在某些方面有所不同——他们使用语言寻求知识的方式。有更多的机会听到人们描述和解释某些事物的儿童，他们不仅可以轻松地学会阅读，还能了解人们是通过对话来交流知识的。

蒂泽德和休斯、乔伊纳德以及早期的日记作者詹姆斯·萨莉（James Sully）、威廉·斯特恩等研究者最有趣的一项发现是，儿童是执着的提问者。乔伊纳德的研究表明，当儿童的问题没有得到回答时，他们会坚持不懈地问下去。换句话说，他们在使用问题上是有选择性的，而且他们似乎知道问题是一种获取自己实际需要的或想要的信息的工具。这些研究者也表明，为了满足自己的好奇心，儿童可能会连续问十几个问题。但并不是所有的儿童都能得到问题的答案，也并不是所有的儿童都被鼓励对某个话题进行深入探究。其中的一些差异就反映了更广泛的文化价值差异。玛丽·高文和她的同事们（Gauvain, Munroe, & Beebe, 2013）已经证明，与西方文化背景下的儿童相比，非西方文化背景下的儿童虽然问的问题数量一样多，但是他们寻求解释的问题比较少。所以玛丽·高文及其同事认为，在许多非西方文化中，成人并不支持儿童为寻找生活的原因以及方式所做出的努力。保罗·哈里斯（2012）指出，在那些不鼓励儿童寻求解释的文化中，儿童接受正规教育的机会也较少。当然，我们可以从很多方面了解到，不同的文化在如何看待儿童的理解能力、儿童应如何在成人面前表现，以及儿童的哪些行为受到鼓励是安全的或明智的等问题上存在差异。因此，不同的地方对待问题的态度不同也就不足为奇了。然而，无论成人对于儿童提问的反应背后是基于何种文化信仰和价值观，这些反应都会对儿童的成长产生影响。

例如，哈特和里斯利所描述的儿童，他们听到的大多是"事务性对话"（如"坐下""捡起来""不要那样做"），而没有太多机会询问一系列相关的问题，深入探究某个话题，或者从一个问题转移到另一个问题。不仅如此，他们还没有机会练习语言探究的技巧。而且他们几乎看不到什么证据可以证明，他们周围的成人重视这种语言探究。然而，我在这里所描述的研究提供了间接的证据,证明不同家庭对于对话的宽容程度是不同的,而且应该可以看出,不同家庭在问题使用上是否存在差异。

为了验证这一问题,我和我的学生劳拉·科罗娜(Laura Corona)请 12 个家庭连续录制他们的晚餐时间。他们并不知道我们感兴趣的是他们互动中的哪些方面。在晚餐时间,不同家庭之间谈话量的差异很大,而且在提出问题和回答问题的比例上也存在差异。在这些发生在餐桌上的谈话中,最让我们印象深刻的是成人对于儿童问题的不同反应方式。有些父母会很直接地回答孩子的问题,然后很快就转移到另一个话题上;而有些父母会把每一个问题都当作更进一步讨论某个话题的开端。

以下面两段对话为例。第一段对话与蒂泽德和休斯所描述的许多场景相似,它发生在一个 4 岁的儿童和他的父亲之间。这个儿童坚持不懈,甚至有些固执己见,但他的眼光却并不狭隘——他似乎是在利用对话来拓展自己对于复杂现象的理解。

儿童:你说"走开该死的"。你为什么不喜欢乌鸦?
父亲:因为乌鸦可以自己找到食物。
儿童:那为什么鸡不能、不会、不愿意自己找食物?
父亲:嗯,因为我们把鸡关在围栏里了。
儿童:但是,乌鸦也都在围栏里。你是不是不想要这些乌鸦?
父亲:嗯,乌鸦可以进入围栏,但是我们是为小鸡建的围栏,因为,因为我们,我们照顾它们。我们,我们想要,我们喜欢吃它们下的蛋。
儿童:但是我们不喜欢乌鸦蛋对吧?我们喜欢鸡蛋,对吗?

下面这段对话同样结合了有关自然世界与社会世界的信息,但相比之下,这段对话中的父母提供的信息要少得多,儿童提问的问题也少得多。

儿童:鱼肉健康吗?
母亲:非常健康。
儿童:人们是怎么把鱼的血放出来的?
母亲:嗯,这个问题可以问爸爸。
哥哥:我没有胃口了。
父亲:是在他们清洗鱼的时候把血放出去的。
哥哥:我没有胃口了。
儿童:那他们是怎么把内脏拿出来的?
父亲:够了,晚餐时间不适合谈这个。

在我们的研究中,会问很多问题的儿童,他们的母亲也会问很多问题。当然,这些研究数据并不能告诉我们,那些问很多问题的母亲是否会以某种方式教会孩子问很多问题,而充满好奇心的孩子是否也会影响母亲以同样的方式对他们做出回应(一种可能性较小但并非不可能的因果关系),或者是否有其他因素能够解释这种模式。然而,这种相关性确实表明,问问题是家庭风格的一部分,而不是简单地与个体差异有关,比如说,性格、个性,或者财富和文化习惯等。

家庭之间的差异表明,并不是所有儿童都在学习同样的问题。有些儿童听到别人(如兄弟姐妹和父母)问了很多问题,还看到家人用问问题的方式来获取信息。从我们的研究数据来看,这些儿童所提出的问题很可能会得到解答。所以,他们不仅有关于提问题的榜样,还能体验到一种伴随问题答案而来的满足感。在很多关于儿童的日记研究报告中,以及我们自己关于家庭对话的数据中，我们发现，儿童可以控制对话的长度。换句话说，借用蒂泽德和休斯的说法，在认知搜索事件中，儿童会自己决定他们的搜索距离。由此可见，比起那些很少看到别人问信息性问题的儿童，或者是那些即使问问题也得不到答案的儿童，那些能够通过问问题来探究事物，并且能够一直问问题直到他们满意为止的儿童（尽管这种满意可能是暂时的）更有可能继续问问题。

有关儿童自传体话语发展的研究支持了这样一种观点，即儿童正在学习语言和经验之间的关系。研究表明，学步儿和父母在对过去事情的描述方面存在着明显的差异性。他们中有些人描述过去只是为了实际的任务（例如，提到昨天鞋子在哪里，以便今天能找到鞋子），而另外有一些人描述过去是为了多想想过去的事情，也就是回忆。需要注意的是，儿童可能和父母进行大量的对话，但却不会练习那些能使他们讲好故事的东西：事件的展开、观点的传达、事件和地点的确定以及高潮的设计等。那些能与孩子合作讲故事、为孩子讲故事提供支持，并经常以讲故事的方式回忆往事的父母，最终他们的孩子似乎不仅讲的故事与其他孩子不同，而且可能在各种不同情况下都会如此（Engel，1995）。在这种情况下，对话的数量本身并不是问题的关键所在，重要的是父母鼓励儿童与他们进行什么样的对话。

语言的特定形式和使用方式与某些认知过程密切相关。那些练习回忆的儿童会发展出乌尔里克·奈瑟尔（Ulric Neisser，1988）所说的"自我延伸"（the extended self）。而练习去语境化语言的儿童则更有能力进行去语境化思考（Scribner & Cole，1978）。同样地，提出问题并得到回答的儿童以及听到别人问问题的儿童，他们不仅能够学会问问题，还能养成对事物充满好奇心和积极向别人寻求答案的性格倾向（Hrdy，2009）。

不断扩大的范围

更复杂的是，到了儿童3岁时，他们中的大多数人，即使是在强调核心家庭的文化中，至少也有2/3的时间是和父母以外的人在一起的。这意味着，儿童在日常生活中会接触各种各样的角色榜样、对话伙伴以及智力资源。当儿童问问题时，他们从父母那里得到的回应与他们从其他成人那里得到回应不一定一样。当谈到儿童在家里养成的讲故事习惯时，我们有令人痛苦的证据。莎拉·迈克尔斯（Sarah Michaels，1991）在一篇有关语言社会化的较为尖锐的文章中指出，当波士顿的黑人儿童进入幼儿园时，他们只带着一套叙述工具（narrative tools），但教师却期待他们具有另外一套不同的叙述工具。当白人教师在"展示与讲述"（show-and-tell）活动中遇到黑人儿童讲故事时，他们往往以否定的方式回应儿童的故事，更重要的是，他们没有给这些儿童提供有助于巩固叙述技能的反馈，以及扩展他们正在形成的故事讲述能力的机会。迈克尔斯举了一个例子，一个名叫蒂娜的小女孩利用"分享时间"给全班同学讲了一个她去看医生的生动故事。她的故事被组织成一个逐渐展开的情节，在这个情节中一连串的事情发生在她的身上。而另一方面，教师希望抓住机会向大家解释什么是温度计，以及温度计是如何工作的。教师坚持改变故事的方向，结果导致蒂娜的故事偏离了轨道。迈克尔斯的分析表明，儿童是携带自己的语言习惯进入新环境的，这些环境可能支持也可能不支持他们进一步的发展。

当把所有有关儿童问问题的研究放在一起时，情况就很清楚了——儿童问问题是为了练习问题形式本身，同时也是为了获得关于这个世界的信息。当儿童问问题时，这些问题不仅能够告诉我们他们的语言水平，还能告诉我们他们想要知道什么；不仅能够告诉我们特定儿童的好奇心状况，还能为儿童提供一种永久的反馈循环。问题得到回答的儿童可能会提出更多的问题。如果伯莱因的观点是正确的，那么这个循环就是自我延续的。比如，儿童有了求知的冲动，就会问一个问题，问题的答案满足了他的这种求知欲，使得他在下一次有求知冲动的时候使用同样的方法路线。通过这种方式，儿童早期问问题的经验就能够为他们的未来奠定基础——他们要么体验到口头提问是富有成效的，要么体验不到。

研究数据显示，虽然3岁儿童所提出的问题数量可能比大多数7岁儿童所提出的问题数量还要多，但并非所有3岁儿童都会以同样的毅力或频率提问题。换句话说，在儿童3岁时，我们不仅能够看到个体差异在好奇心方面的第一缕微光，还能看到使这些个体差异变得更加明显的主要途径。

到了儿童三四岁的时候，他们开始了解到好奇心是多么有用、多么令人满意以及多么令人钦佩，或者多么冒险、多么麻烦。在每天早上坐着妈妈的自行车去学校的路上，我意识到语言是可以无限扩展的（米色灯可能存在，即使我从未见过）。而随着语言的拓展，我的思维也得到了拓展。我还意识到对话是有趣的，我的词汇量越大，我就越喜欢对话。坐在熨衣板下面和保姆聊天的那些下午时光，使我的知识得到了增长。虽然熨衣板下面的空间狭小而拥挤，除了熨衣服和聊天之外，我们也没有什么事情可做。但是，我与保姆日复一日的对话创造了一幅广阔的图景，这幅图景在时间上时而向前，时而向后，其中充满了有趣的人、地方以及值得我们深入思考的物品。而我唯一的探索工具就是问题。

第 4 章

邀请与禁止

当我还是一个小孩子的时候，我有着大把的时间，因此我常常漫无目的地到处闲逛。那时候，我住在一个相当偏僻的地方。我的继父每周七天都在农场里工作。我的母亲看起来也很忙碌，虽然她很细心、有爱心，但实际上她并没有花太多的时间和我在一起。大人们希望我们这些小孩子可以自己找事做。当然，从9月份到第二年的6月份，每周一到周五我都要去上学。但是，每天放学后以及每周的周六和周日，我还是有很多自由的时光。当我感到焦躁不安、不知道该做什么的时候，或者当我感到饥饿的时候，我就会去祖母那里，她住在那条穿过农场的小土路的另一端。但通常，尤其是在夏季，开始时那种短暂的、漫无目的的跋涉会变成一段漫长而引人入胜的邂逅，邂逅一些奇怪或意想不到的事情。

那条小土路沿途的每一处微观环境——我家的房子、农场以及祖母的房子，都充满着诱惑。我家的房子里有很多玩具和图书，妈妈如果在我旁边，就会跟我说话。农场里几乎有数不清让我感兴趣的东西——举例来说，新鲜或腐烂的土豆、臭虫和蠕虫、马粪和牛粪、机器、在农场里工作的黑人和白人、牲畜棚里阴暗而潮湿的角落以及饲料仓等。我祖母家里有女性杂志、她年轻时用的钱包和廉价珠宝、两只分别叫王子和辛迪的狗、一只叫托马斯的猫，以及祖母不紧不慢地讲述的很久以前的逸事和风俗（用水桶收集雨水洗头发，把无糖汽水倒在果冻上制作低糖甜点，装满奇装异服的食品柜，放在床边晚上用来装牙齿的玻璃杯）。

我家与谷仓以及祖母家的不同之处不仅在于它们里面的物品。不同环境下的人各不相同，他们对我的兴趣和探索的反应也各不相同。在我家，我可能会独自一人，但我的兄弟姐妹或母亲可能在房子的另外某个地方。虽然没有人注意我（他们都忙于自己的事情），但很明显，他们都默许我的探究活动。我可以走进任何一个房间，打开任何一个抽屉或罐子，特别是，我可以从书架上取下任何一本书来阅读。无论这本书是有关性的、谋杀的、音乐理论的还是精神分析的，都无关紧要。只要是出版物，我就可以自由阅读。我也知道，除了家里所有的书之外，还有一些人等待着我去"阅读"。

这种被允许的感觉还延伸到书籍之外的其他事情上。在我6岁的时候，我和我最好的朋友格温创造了一种我们特别喜欢的游戏。这个游戏是这样玩的：一个人闭上眼睛在客厅等待，另一个人在厨房里搜寻具有异国风味的食物。搜寻的人找到了合适的食物后，就会把在客厅等待的人叫进来，让他坐在厨房的椅子上，闭上眼睛，伸出舌头，等待一滴或一点点未知的食物。我还记得，当我伸出舌头时那种担心中夹杂着愉悦的刺激感，我等待着究竟会是什么味道击中我——辣的、酸臭的还是香甜的。我也记得，当我把某种食物滴在朋友的舌头上时，我也有同样的刺激感。我想知道当我把一团冰激凌、一小撮胡椒粉或一小块小狗饼干放在她舌头上时，她会做何反应。表面上看，这个游戏的目的是识别食物，但其真正的目的是体验那种想要知道舌头上沾的是辣酱、生蒜还是蜂蜜的刺激感。对一些人来说，这个游戏还带有一些控制的刺激感。回想起来，这个游戏与探索世界并没有显著的关系，而是与意想不到的未知诱惑有关。在差不多三年里，我们孜孜不倦地玩这个游戏，而且每次都是格温到我家来玩。在这个过程中，同样令人难忘的是：我母亲有时会穿过厨房去打电话、处理事务或者去她的卧室。看到我们时她会微笑，甚至问我们在做什么。我们会把我们在做的事告诉她。有时候，当我们其中一个人正在往另一个人的舌头上放辣根或生蛤蜊时，她刚好进来，看到我们正在做的事，她从来没有警告过我们不要这样做。对此，她也没有多问。她似乎只是默默地允许我们的古怪行为，这让我们觉得互相测试的刺激感真是太棒了。有一次，当我们正在玩这个游戏时，我们发现自己正在搅拌一大堆可以粘在另一个人舌头上的东西——香蕉、牛奶和面粉的混合物。我们问我的母亲，是否可以煮一些这种混合物喂给我的妹妹吃。"当然，"我母亲以一种心不在焉、轻松自在的方式回答道，"为什么不呢？"我们两个人互相看了看，既震惊又高兴。然后，我们就给我妹妹喂了一些这种混合物。如果我问我母亲某个词是什么意思，或者书架上某本书是关于什么内容的，那就完全是另外一回事了。这确实是引起她注意的一种方式，她总是有时间和我交谈。我还记得在一次大人们的晚宴上，我走到她跟前，打断他们的谈话，问她"伪君子"是什么意思。因为我在客厅听到一位客人用了这个词。她很高兴地从大人们的谈话中抽身出来，向我解释这个词的意思。我清楚地记得，我还问过她其他一些词，包括模棱两可、半岛和滑稽等。

农场俨然就是一个完全不同的实验室。我的继父以及与他一起工作的人想让我注意农场里的动物，并希望我在对农场的探索中获得无穷无尽的乐趣。如果我带着一只受伤的鸟儿来找他们，或者想尝一下马儿的食物，他们就会被逗乐。他们如果能指导我，就一定会指导。我的继父对于周围的环境有两种截然不同的立场。他要么赋予自然界以生命，仿佛自然界就是对人类经验的延伸；要么将环境视为一系列潜在的任务。例如，8月份的时候，有一次，当我们开车经过一片褐色的干涸土地时，他看着窗外说："天哪，罗斯特（他对我的称呼），那家伙渴了。"然而，后来有一天，同样是看到干涸的土地，他就只是简单地解释如何设置灌溉设备，从而使其具有最大的灌溉范围。当他对于事物的看法中不包括我的时候，他就只喜欢看我对于意想不到的事情的反应：因兔子内脏而作呕、因愤怒的小鸡而恐惧或者难以启动拖拉机，等等。

那时候，我的祖母会欣然向我讲述她孤儿般的童年，或者向我解释在大萧条时期他们是如何做饭的（大量的水煮土豆和一小片培根）。我可以在她的厨房里随意做饭，用她的食谱和配料，也可以自己搭配和混合——麦片和巧克力块，苏打水和牛奶，番茄酱和奶酪。我唯一不能做的事情就是探索那些我看不见的或令我感到不舒服的世界。我不能问，为什么我的继父和叔叔总是带着有趣的报纸去洗手间；为什么祖母很少走路，几乎整天都坐在厨房桌子旁；也不能问一些可能超越她狭窄的熟悉圈的问题。我不会问她有关我读过的书的问题，也不会问她逃避兵役意味着什么，更不会问她后来我问我生父的问题——为什么特吕弗[1]（Truffaut）把他的电影命名为"偷吻"（Stolen Kisses），电影中他们明明为此付出了代价。不知道为什么，我很清楚可以向祖母问哪些问题，不能问哪些问题。

4岁的儿童是比一年前更自主、更熟练的"航海家"。当注意到早餐盘里出现的不是日常所吃的华夫饼时，或者当一只虫子从地板上爬过时，学步儿可能会坐起来，但年龄稍大的学龄前儿童会更加敏锐。鉴于学龄前儿童对于日常事务的掌握，他们的好奇心更有可能被那些窄化、离奇也更具有个性化的事件和物体激发。尽管如此，学龄前儿童的日常生活中仍然充满着神秘和惊喜。而且这些引发学龄前儿童探索欲望的诱惑一直是经过成人的态度和反应过滤过的。

很多时候，至少在当代西方文化中，无论儿童做什么——游戏、做作业、观察别人，或者帮忙做家务等——都有成人的陪同。有些时候，成人直

---

[1] 法国导演、编剧、演员及制片人。——译者注

接参与儿童的活动——告诉他们该做什么、与他们合作，或者只是看着他们——而有些时候，成人只是在他们附近。儿童几乎不停地在与人造物（器皿、工具、玩具、衣服、机器等）以及自然物（树木、虫子、泥土、风、动物）互动。但他们与这两种非人类物质的互动是根据成人与其他人、事、物互动的态度来决定的。为了了解成人的影响是如何形成的，我们暂时回到婴儿时期，正是在这个时候，父母开始引导孩子朝向某些经验，同时也远离某些经验。

父母就是孩子的讲解员

从儿童开始探索的那一刻起，无论是用目光还是身体，父母就开始引导他们朝向某些东西，远离另一些东西。而且，这不仅仅是成人对婴儿施加的限制。从婴儿会爬的那一刻开始，他们就会主动寻求成人作为他们探索的向导。坎波斯（Campos）和他的同事们将婴儿放在一块透明的玻璃板上，在玻璃板下构造出一种比较浅的"视觉悬崖"错觉。研究发现，当在"悬崖"另一边的父母表现出恐惧时，婴儿们就会犹豫，脸上也会表现出担忧和谨慎。满脸担忧的父母使婴儿远离"悬崖"。但是，当婴儿看到父母在"悬崖"另一边微笑时，他们就会接近这个"悬崖"，安心地从"悬崖"的一边爬向另一边。来自父母的邀请或禁止似乎比婴儿从物理环境中发现的任何固有的风险更具说服力（Sorce et al., 1985; Campos & Sternberg, 1981; Campos et al., 2000）。

婴儿不仅会向父母寻求接近某些东西或远离某些东西的许可，还会向父母寻求如何体验周围世界的指导。研究表明，当婴儿看到不寻常的或新奇的物体时，他们就会向周围的成人寻求解释性帮助，科尔文·特雷瓦森称之为次级主体性（secondary intersubjectivity），迈克尔·托马塞洛以及其他人则称之为社会参照（social referencing）（Trevarthen & Aitken，2001；Tomasello，1999）。在其中一项研究中，研究人员向12个月到18个月大的婴儿展示一对非常奇怪并能唤起他们感情的物体，这类物体类似于某种变异生物。然后，实验者将注意力集中在其中一个玩具上，并表现出一种生动的情绪反应（表示愉悦时用"噢"，表示厌恶时用"呃"）。有些时候，婴儿可以看到成人对哪个玩具做出了反应，而有些时候看不到。当婴儿有机会与物体互动时，他们更有可能接近那个引发成人愉悦反应的玩具。然而，只有当他们看到成人对这个玩具做出反应时，他们才会这样做。换句话说，他们是有辨别能力的，而且他们想要确定成人对于那个他们与之互动的特定物体的反应（Moses et al.，2001）。

对于婴儿的日常观察也表明，他们十分关注周围人的反应。大多数与婴儿在一起的成人都有过目睹某件突然的或令人吃惊的事情发生的经历（例如，一座积木塔突然倒塌，门砰的一声关上，甚至是婴儿跌落下来等）。听到房间里有人发出尖叫声或喘息声，婴儿就会哭泣。面对这种情形，成人通常会说："不要反应过度，他也就不会反应过度。"事实证明，他们通常是对的。当婴儿想要看某个东西的时候，他们会先快速地看一眼父母或其他对他们来说重要的成人，然后再回过头去看。有时候，他们似乎是想从成人那里获得一些暗示（这个物体可怕吗？这个物体有趣吗？），而有的时候，他们似乎又想邀请成人参与他们的情感反应（我觉得这个物体很有趣，和我一起看看吧）。正如托马塞洛（1999：513）所指出的，在9—12个月大的时候，婴儿"开始灵活而稳定地观察成人所观察的地方（通过注视跟随），然后将成人作为社会参考点（社会参照），像成人对待物体那样对待物体（模仿学习）"。换句话说，儿童不仅能觉察到成人对周围事物的反应，还会对成人如何与物体进行实际互动感兴趣。

在一项有影响力的研究中，安德鲁·梅尔佐夫（Andrew Meltzoff，1995）让 14 个月大的婴儿观看一个成人，这个成人弯下腰用头触碰一个面板，灯就打开了。研究发现，婴儿会模仿这个人的行为，虽然对他们来说直接用手按面板会更容易。看来，学步儿更感兴趣的是模仿成人的行为，而不是简单地获得想要的结果。儿童的这种行为也不仅仅是简单的模仿。在另一项实验中，梅尔佐夫向学步儿展示了一个成人试图拆开一个哑铃形状的小玩具的场景。毫无疑问，当这些儿童拿到这个哑铃玩具之后，他们会模仿这个成人的动作，也试图把他们的哑铃玩具拆开。然而，当学步儿看到这个成人在试图拆开哑铃玩具的过程中手滑落下来时，他们会忽略手滑落的动作而模仿整个过程，就好像他们是在模仿成人的意图，而不是实际发生的事情。但是，如果学步儿看到的是机器人做同样的动作（试图拆开玩具但失败），他们就不会模仿。所以，儿童想做的不仅仅是模仿成人的行为，他们似乎还想模仿周围人的意图。而且随着婴儿的逐渐长大，他们对于他人如何解释物质世界的兴趣也会持续消减。

当涉及如何解释周围的世界时，儿童不会很快摆脱对成人的依赖。即使是年龄较大的儿童也会向成人寻求关于什么时候事情比较可怕以及什么时候不可怕的线索。但情绪反应只代表一种潜在的反应。随着年龄的增长，儿童对于现实的观点会不断拓展。到了三四岁的时候，他们会面临很多选择——应该把某个物体看成有趣的还是无聊的，诱人的还是令人厌恶的，假装的还是真实的？安吉莉·利拉德（Angeline Lillard）和她的同事们邀请了一些学步儿和他们的母亲进入一间游戏室，这间游戏室配备了一个模拟的茶话会场景。实验者告诉母亲们，当他们与孩子单独在游戏室的时候，他们要一起玩"茶话会"游戏。利拉德发现，母亲们会给予孩子各种微妙的暗示，表明她们是在假装——而不是真的在喝茶、吃饼干。他们的手势略显夸张，眉毛上扬，声音中带有一种特殊的轻快感，换句话说，他们的行为清楚地表明，他们并不是真正地在喝茶或吃饼干。当然，成人那样做完全有可能是因为他们在假装。也许他们并没有给孩子们任何暗示，而只是在表达他们自己对于熟悉的行为的重构。然而，利拉德观察到，学步儿认真地看着母亲的面部表情以及动作。利拉德认为，儿童其实是通过观察母亲的行为来学习何时以及如何假装的（Lillard & Witherington，2004；Nishida & Lillard，2007）。

研究表明，在好奇心和探索方面，儿童深受父母的影响。萨克斯和斯托拉克（Saxe & Stollak，1971）将一些小学一年级的男孩及其母亲一起带到一间游戏室，并对他们的探索行为进行评级。依据游戏风格，这些男孩被划分为高好奇心—亲社会型（high curiosity-prosocial）、低好奇心型（low curiosity）、攻击型（aggressive）以及敏感型（neurotic）四种类型。高好奇心—亲社会型男孩的母亲比低好奇心型男孩的母亲更加积极、专注和宽容。而且，母亲对于孩子的行为所表现出的兴趣和愉快情绪，与孩子自身的注意力水平、操作的积极性以及提供的信息呈正相关。孩子好奇心的最佳预测因素就是母亲的好奇心，二者之间呈现高度的正相关。显然，这些数据给我们提供了很少的信息来说明为什么会这样，即充满好奇心的母亲会使她们一年级的孩子也充满好奇心吗？如果是这样，那么这是由他们在生命最初七年中对母亲行为的模仿所导致的吗？还是因为他们继承了母亲的好奇性格？萨克斯和斯托拉克认为，母亲与孩子在探究行为方面相互影响，虽然研究数据并未证明这一点。

恩兹利（Endsley，1979）及其同事观察了幼儿园的孩子及其母亲在一间充满各种新奇以及熟悉的玩具的房间里互动的情况。他们发现，母亲的探究行为、对孩子探究行为以及提问行为的鼓励，与孩子的探究行为以及提问行为之间有着相当强的相关性。相反，母亲的被动性与孩子的提问行为呈微弱的负相关。换句话说，表现出好奇心并宽容孩子好奇心的母亲，他们的孩子对于新奇玩具的探究程度高于其他孩子。哈特和里斯利（1992）发现，父母问孩子问题的频率与父母对孩子所问问题的充满兴趣性和相关性的回应——重复、润色或追问孩子的问题——之间存在高度的相关性。此外，父母提出的问题数量与说出的命令和禁令的数量之间存在负相关。

但是这些研究只是暗示了一种关联性。我刚刚描述的研究数据几乎没有告诉我们，父母的鼓励是否会引发孩子的探索。幸运的是，一些研究人员已经使用实验方法研究了母亲的好奇心对于孩子的影响。在其中一项相关研究中，研究者让幼儿园阶段的孩子透过单向玻璃观察母亲，母亲则坐在一张桌子旁边，桌子上放着好几个新玩具。第一组母亲被要求拿起并摆弄放在桌子上的三个玩具（以此来表现好奇心），第二组母亲仅被要求盯着桌子的一角看，第三组母亲被要求与房间里的另一位成人安静地互动，不需要注意桌子以及上面放着的玩具。最后这组被视为控制组。接下来，孩子们被安排在房间里与这些玩具共处一段时间。结果发现，那些看到自己的母亲摆弄玩具的孩子，他们更可能模仿母亲的操作，甚至会对桌上的玩具进行其他探索性操作。换句话说，除了遗传上的相似性，或者母亲的某些行为与孩子的好奇心之间的稳定联系之外，当孩子看到父母探究时，他们就会进行更多的探究。

教师的介入

不是只有父母才会影响学龄儿童探索行为的数量和方式，其他成人也会对他们产生这样的影响。在一项研究中，布鲁斯·亨德森（1984）要求幼儿园的儿童和小学一年级的儿童观看一系列复杂程度不同的图片，并从中选择一张他们最喜欢的图片。然后，他给孩子们机会去摆弄一个完全看得见的玩具或者一个部分隐藏起来的玩具。接下来，他们被给予时间去探索一个有18个抽屉而且每个抽屉里都装有一些小玩具的箱子、一个带有各种开关和插销的五颜六色的盒子，以及一块放着一些可供操作的物品的木板。在第一项任务中，孩子们明显比较偏爱复杂的图片；而在第二项任务中，他们会被未知的事物吸引，我们根据他们对于第二项任务中的三种物品的探索热情来对他们的好奇心进行计分。最终，他们的好奇心可被分为高、中、低三种水平。然后，孩子们被允许在一位实验者的监督下探索另一个房间。每个儿童都被指定到三种实验条件下的一种。在独立条件下，实验者仅将儿童提出的问题再反馈给他们，或者是在儿童第二次询问时才简单地回答他们。在积极兴趣条件下，实验者对儿童非常关注，会使用微笑、眼神交流以及偶尔发出的感叹词等方式鼓励儿童的行为。在聚焦条件下，当儿童探索房间里的材料时，实验者会通过指出刺激物的新奇特征、提出引导性问题、给予赞许的目光以及评论等方式鼓励儿童探索。当实验者鼓励儿童的探索行为时，儿童就会对房间里的新奇物品表现出更多的好奇心。有趣的是，这种效应对那些最初被认为是低探索水平的儿童来说反而是最强的。换句话说，成人的行为并不会对所有儿童都产生同样的影响。

穆尔和布尔布利安（Moore & Bulbulian，1976）也有类似的发现。他们要求幼儿园的儿童在一位成年女性实验者在场的情况下整理一套微型农场玩具。这位成年女性实验者表现得要么友好而赞许，要么冷漠而挑剔。在这个阶段，从理论上来说，孩子们首先会获得一个明确的信息，那就是他们可以自由地探索、玩耍以及摆弄玩具。接下来，他们被要求把手伸进一个盒子里感受七个陌生且完全不同的玩具，并猜一猜每一个玩具是什么。在友好而赞许的条件下的儿童，面对被隐藏起来的玩具，他们开启探索行为所花费的时间更少、会进行更多的操作，而且更有可能猜出盒子里的玩具是什么，即使是在经历了22次的尝试之后。相反，在冷漠而挑剔的条件下的儿童，他们所表现出的与任务相关的好奇心和探索行为明显会比较少。

儿童获得的一些有关"好奇心"的有价值的信号甚至会来自比点头和微笑更不明显的线索。例如，研究者表明，当学龄前儿童得到有意义的回答时，他们就会问更多的问题（Endsley & Clarey，1975；Chouinard，2007；Harris，2012）。对这一发现的一种解释是，儿童会坚持在他们力所能及的情况下获得越来越多的信息。这样看来，他们的坚持其实就是他们感兴趣的标志。而且这意味着，当他们得到了问题的答案时，他们就会将其视为一个微妙的信号，即表明问问题是可以被接受的。齐默尔曼和派克（Zimmerman & Pike，1972）根据教师对于问问题的态度，将36名处于不利地位的二年级学生分成四组：榜样—赞扬组、赞扬组、无榜样组以及无赞扬组。在榜样—赞扬的条件下，教师演示和鼓励儿童以头脑风暴的方式回应教师在课堂上阅读的故事。这种条件下的儿童在后续的各种测试中明显会提出更多的问题。而这一发现也表明，这种通过鼓励好奇心而收到的效果可以推广到其他教师、环境以及任务中，尽管这种效果并不显著。人们可能会进一步认为，虽然我们有很好的证据可以证明鼓励问问题和探索所具有的影响力，但是我们对于这种影响效果可以持续多久以及在什么条件下才能持续知之甚少。如果在上午10点钟鼓励儿童对某个盒子进行探究，那么他们有可能在下午2点钟问问题吗？如果在科学课上鼓励儿童对物体进行探究，那么他们有可能在图书馆里探究书籍吗？这些问题仍有待回答。

同时，我们也有一些证据表明，为什么儿童对环境线索如此敏感。随着儿童年龄的增长，焦虑感似乎仍然是控制他们好奇心表达的杠杆之一。为什么鼓励性微笑和言语的存在与否可能会影响儿童对于周围环境的探索程度？原则上，对于该问题有各种各样的解释。可能是因为大多数儿童都很听话，他们会等候周围的成人所发出的允许他们探索的信号。然而，有证据表明，事实上存在着某种更深层的机制在起作用。回想一下我们在前面章节中所提到的，当学步儿（或老鼠）由于各种原因而不那么焦虑的时候，他们才更有可能探索环境。证据表明，在生命早期，这种安全感或不安全感在很大程度上是作为婴儿对母亲的依恋而出现的。但随着儿童年龄的增长，除了安全感或不安全感之外，他们也有可能对触发焦虑的情境因素做出反应。例如，一位生气的老师的焦虑感可能对儿童的行为产生很大影响。相关证据来自彼得斯（Peters，1978）所做的一项研究，该研究以处于发展谱系另一端的大学生为研究对象。首先，彼得斯对这些大学生的好奇心水平（这被认为是一种特质）进行测量。然后，她对学生进行调查以确定在营造威胁性的课堂气氛方面哪些教师享有"盛誉"、哪些教师没有。接下来，她就两组学生在课堂上所提出的问题的数量进行比较。结果发现，在低威胁的课堂气氛中，具有高度好奇心特质的学生所问问题数量是那些具有低度好奇心特质的学生所问问题数量的5倍。然而，在高威胁的课堂氛围中，这种差异就消失了，而且他们所问的问题数量也减少了。显然，激发焦虑感比限制好奇心更能抑制探索行为。换句话说，当学生处于一种使他们感到紧张不安的学习环境中时，他们的好奇心就会受到压制。彼得斯的研究表明，对大学生来说，焦虑感是其探索行为的一种强大的调节因子，而教师可能是他们焦虑感的来源之一。但是，在本书中，我们的重点是学龄前儿童和学龄儿童。所以，让我们回到生命早期的那几年。

当人和物混合在一起时

到了 5 岁时，儿童在很多方面都显得相当自主。他们可以自己穿衣服、帮忙做家务，而且似乎在很大程度上已经有了独特的世界观。他们外向或害羞，健谈或安静，乐于参与或不乐于参与。他们可以将语言用于各种各样的目的，至少在我们的文化中，这个年龄段的很多儿童都会如饥似渴地阅读。到了 5 岁时，他们有了对于物体和事件的丰富经验。他们有兴趣，而且通常有一些专业性的知识。5 岁的儿童可能知道很多关于恐龙、工具、农场动物、图书等方面的知识，还可能知道一些关于如何照顾弟弟妹妹的知识。然而，他们在与成人的互动中仍然被灌输一些成人的认知风格和知识立场。而且，成人的这种影响似乎是持久的。在一项研究中，研究人员给母亲们提供了一个完全组装好的万能工匠[1]模型和另一套完整的零部件，让她们复制这个模型（Laosa，1978）。然后，他们要求每一位母亲都要教孩子组装一个与这个已经组装好的模型相似的模型。有些母亲会使用问题和支持性评论来引导孩子完成这一组装过程，而有些母亲只是向孩子演示该怎么做，并提出一些指导性意见。后来，孩子们在处理后续任务时表现出了不同的方式。

成人对于塑造儿童与周围世界的互动方式方面的影响并不总是简单或直接的。有关农村和城市儿童利用家庭环境方式的比较研究就是一个很好的例子。也许不足为奇的是，生活在农村地区的儿童有更大的自由去探索社区环境，还会在这些环境中拥有更多的自主权。乍一看，这似乎既是显而易见的，也是不可避免的——这是这两种环境的物理特征所造成的差异——城市

---

[1] 一种有助于儿童掌握几何、物理、机械及工程等方面知识的益智玩具。——译者注

存在限制自主性的危险，而农村地区似乎是开放的、安全的以及允许进行更多探索的。然而，通过采访儿童可以清楚地发现，他们对于探索的渴望不仅仅是由环境的内在特征所塑造的，也由成人对他们所说的话所塑造。例如，女孩们对于家附近的自然环境不感兴趣，而更感兴趣于商场以及其他聚会场所。在罗杰·哈特（Roger Hart）开展的一项有关儿童对于地方体验的研究中，他要求儿童采用语言解说的方式带他参观他们最喜欢的地方。很明显，即使是那些对森林着迷，并把它描述成自己最喜欢的地方之一的男孩们，也很少或从来没有去过森林。他们的父母所说的警告性话语似乎对他们的探索意愿构成了很大的限制。

综上所述，从婴儿期开始至少到小学阶段，儿童都会从成人身上寻找有关如何对物体和事件做出反应、如何解释他们所目睹和所经历的事情，以及如何与世界互动的线索。儿童从成人那里获得的线索不仅在当下是有效的，还会有长期的影响。此外，这种影响不局限于问题解决的范围。随着年龄的增长，他们会从周围的成人那里学习对他们所遇到的物体和事件可以或者应该采取的态度和立场。当谈到儿童的探究行为时，这一点尤为重要。因为到目前为止，我们应该清楚地知道，探究行为并不会仅仅因为儿童内在的好奇心而产生，也不会仅仅因为环境中的某些东西特别有趣而爆发。儿童是否具有日复一日地探索更多事物的冲动，还取决于他们周围的成人。

成人回应的复杂性

通常来说，在当前的政治环境中，优秀的教师就是明星和英雄，而糟糕的教师就是恶棍，纪录片《等待超人》(*Waiting for Superman*)就是这种时代精神的一个生动写照。我们倾向于认为，优秀的教师会激发学生的好奇心，而玩忽职守或失职的教师难以激发儿童的好奇心。但是，当儿童面对有趣的或吸引人的物体时，成人的反应不能简单地被归为友好或不友好。泰莎·范·希恩德尔和她的同事们（Tessa van Schijndel et al.，2010）带学龄前儿童到一个互动性科学博物馆参加了两个不同的实验。其中一个实验是把圆筒从斜坡上滚下来，另一个实验是让儿童坐在旋转的椅子上，拿着不同重量的积木，并找出影响旋转速度的因素。当儿童进行这两个实验的时候，教练会采取以下三种互动方式中的一种与他们互动：最低限度但却充满鼓励性的回应方式；脚手架式回应方式，即详细描述儿童的一言一行；解释性回应方式，即向儿童提供有关这次体验的内部运作信息（例如，为何圆筒会以不同速度滚下斜坡？为何积木的重量与旋转时儿童手臂的位置相互作用？）。研究发现，每个儿童在实验中积极探索的程度取决于教练对他说了什么。当教练仅仅是微笑、点头且很少说话的时候，儿童在滚动的圆筒这个实验中的探索就更为彻底。而那些听到教练解释的儿童，最不可能用这些圆筒进行不同的尝试。就旋转的椅子实验而言，情况有些不同。当教练对儿童的行为采用脚手架式回应方式，为他们的进一步实验提出小建议，或者引导他们进行稍微复杂的互动时，儿童会更加兴致勃勃地研究这些积木和他们自己的手臂姿势（将双臂收回来，还是像翅膀一样伸展出去）。虽然这两个实验似乎都要求儿童能够表现出与成人稍有不同的行为，但是成人的解释似乎从来都不是让儿童投入探究的最佳方式。

研究表明，成人可以影响儿童对于好奇心的表达。但很多时候，儿童并不是与某个成人单独在一起。他们往往会与很多儿童在一起，在这一过程中，会有很多事情发生。当然，日托中心的情况就是这样。在日托中心每 7 个儿童才有 1 个成人，而在学校，通常每 23 个儿童才有 1 个成人。当环境变得更加吵闹、混乱，人与人之间的关系出现更多隔阂时，儿童还会受到成人的影响吗？我和我的学生希拉里·哈克曼（Hilary Hackmann）感兴趣于了解，在课堂环境中，成人的微笑或皱眉是否会影响儿童的好奇心？我们在亨德森和穆尔（1980）所使用的好奇心盒子的基础上设计了我们自己的好奇心盒子。这个盒子有18个小抽屉，每个小抽屉里都装有一个小小的但却很新奇的物品。我们将盒子分别放到幼儿园和小学三年级的教室里，然后观察哪些儿童走近了这个盒子，每个儿童打开了多少个抽屉以及这些儿童花了多长时间在探究抽屉里的物品上。原本我们都认为，随着年龄的增长，儿童对于周围环境的好奇心会逐渐减弱，但是研究数据却提供了不同的结果。我们发现，总的来说，9岁的儿童与五六岁的儿童一样充满好奇。走近好奇心盒子、打开抽屉以及探究里面物品的三年级儿童数量与幼儿园儿童数量一样多。然而，好奇心盒子并不是在所有教室都能引发儿童同样程度的好奇心。在有些教室里，很多儿童会很快地走近这个盒子，然后花时间研究里面的物品。当走进教室看到这个奇怪的盒子时，儿童可能会说："那是什么？""哇，它是从哪里来的？""上面写着可以摸，所以我要去摸摸看。"（对于盒子上所写的"可以触摸"的回应）然而，在另外一些教室中，无论是哪个年级，都很少有儿童探究这个盒子。

这说明，教室环境与儿童的年龄一样都是影响好奇心的重要因素。在教室里，是什么鼓励或阻碍儿童的探究活动？我们发现，教师鼓励式微笑和谈话的程度与儿童所表现出的好奇心水平之间有着直接的联系。因此，那些儿童积极探究好奇心盒子的班级与那些儿童相对来说不太会探究好奇心盒子的班级之间的差异，在于教师，而非年级。我们发现，教师在提到好奇心盒子时微笑的频率以及说鼓励性话语的次数，与儿童表现出的好奇心程度之间存在明显的联系。在对好奇心盒子有更多探索行为的班级里，教师可能会这么说："那边是什么？""哇，我觉得你真的很喜欢那个东西。看，太酷了！"另一方面，在那些探究行为相对比较少发生的班级中，教师可能会说："雷切尔，把身体转回来做功课。"（当雷切尔转过头去看好奇心盒子的时候）或者说："我看到你们中有些人在那个盒子旁边，你们别忘了周五还有英语课。"

对儿童微笑以及鼓励他们探索是教师激发儿童好奇心的两种方式。但正如我们从大量的研究（包括我已经介绍过的一些研究）中所了解到的，成人也会以其他方式影响儿童。儿童会观察成人如何对物体和事件做出反应、如何跟其他人交谈以及会做什么。想象一下，假如一个儿童有两位老师，其中一位老师不仅会向这个儿童提问题，还向其他人甚至她自己提问题，她会从书里查找信息，饶有兴趣地望着窗外，还会在学生做事情或玩游戏的时候观察他们。现在再想象一下，这个儿童在另外一种类型的班级里。这个班级的老师很少在儿童游戏的时候研究他们，她知道很多事情的答案，但对于不知道的事情似乎也没什么兴趣，所以她急于让大家避开她不太了解的话题，也不会询问儿童在学校以外的经历。她热情，友好，精力充沛，渴望学生学习那些她为他们计划好的东西，但对那些她不了解的事情却很少表现出兴趣。这两位教师会不会对儿童的好奇心产生不同的影响？教师对于好奇心的表达对儿童来说，可能是一种邀请，也可能是一种禁止。

为了回答这个问题，我和我的学生马德琳·拉贝尔（Madelyn Labella）设计了一项研究，在这项研究中八九岁的儿童被一次一个地带到一间实验室（Engel，2011）。当儿童走进实验室时，他们会看到桌子上放着一些材料，旁边放着一张工作表。马德琳向儿童解释说，她打算和他们一起做一个有趣的活动，然后填写与这个活动相匹配的工作表。马德琳以友好的、知识渊博的、热情的科学老师的形象来做示范。当儿童开始活动时，马德琳向他们解释各种概念，给予他们温和的指导，并与他们进行友好的交谈。这个活动叫作"弹起的葡萄干",要求儿童将小苏打、醋和水混合在一起,然后把葡萄干放进由这三种物质混合而成的液体中。在这种液体中,葡萄干表面逐渐形成一些小气泡,并最终浮到液体表面上来。随着活动的展开,马德琳将儿童的注意力逐渐引导到工作表上,并帮助他们填写表格底部的问题,从而使整个活动的形式与普通学校里的科学活动非常相似。

活动临近结束的时候,马德琳会做以下事情。她对其中一半的儿童这样说:"你知道吗?我很想知道,如果我们把这个(从桌子上拿起一颗彩虹糖)而不是葡萄干丢到混合液体里会发生什么?"而对于另一半的儿童,她没有拿起彩虹糖并将它丢到混合液体中,而是边打扫工作区边说:"我只是稍微整理一下,我要将这些材料放到这边。"换句话说,一些儿童看到成人表现出对于进一步探索和偏离原计划的兴趣,而其他儿童没有看到。接下来,马德琳离开房间,对儿童说她必须去取一些材料来为下一个活动做准备,一会儿就回来。离开的时候,她还对儿童说:"在等我的时候,你们可以做自己想做的事。可以使用这些材料,用这些蜡笔画画,或者也可以只是等待。做你们想做的事。"然后,她走出实验室。但摄影机一直开着,所以我们可以看到马德琳离开后儿童做了什么。

那些看到马德琳为了满足自己的好奇心而偏离原本任务的儿童,他们更有可能操作这些材料。他们将葡萄干、彩虹糖或者其他东西丢进混合液体之中,还会搅拌它们,加入其他液体,并看看烧杯里发生了什么。

而那些看到马德琳整理工作区的儿童在等待的时候几乎什么也不做。他们站在那里双手插入口袋,眼睛望着天花板,或者凝视远方。其中有些儿童表现得坐立不安(还有一个儿童花了相当长的时间摆弄他牛仔裤上的拉链)。但总的来说,他们对与马德琳一起使用的那些材料没什么兴趣,而且不太想使用那些材料进行更多的探索。观看完所有儿童的录像,我们可以从中发现一个模式，这个模式补充了以往的统计研究结果。那些看到马德琳做出让人意想不到的、脱离原本任务操作的事情的儿童，以及那些看到马德琳爆发出一点好奇心（虽然是相当温和的"爆发"）的儿童，他们会对材料和进一步的探究活动有更多的投入和兴趣。在这样一项实验中，即使与儿童互动的是马德琳以外的其他人，他们也不可能对这种情况视而不见。人们在不知情时，无法故意表达或抑制好奇心。由于担心马德琳的行为会向儿童发出一种信号，即她不在的时候，他们是否应该关注这些材料，因此我们让外部编码人员对儿童的录像片段进行打分。结果发现，马德琳在好奇状态下的行为和在整理状态下的行为并没有什么差异，这让我们更加确信，即成人的好奇表现是会影响到儿童的。

很明显，成人有各种各样的方式向儿童发出信号，告诉他们可以或不可以，应该或不应该探索物体，而且这些信号真的会影响儿童。但是，重要的不仅仅是成人对于儿童的行为表达了什么。毕竟，当儿童和成人在一起的时候，并不是成人所做的所有事情都是对儿童所做事情的回应。父母和教师的行为并不总是与儿童有直接的关联。他们在很大程度上只是自己。他们打开盖子、修补东西、抬头看、仔细观察、问问题，或者什么都不做。事实上，很多成人在日常生活中并没有表现出很多的好奇心。有很多成人，他们很少想了解一些新的东西，或者是探究表象之下的东西。为什么这些对儿童没有影响呢？

热爱阅读的父母更有可能养育出热爱阅读的孩子；喜欢大喊大叫和打人的父母更有可能养育出喜欢大喊大叫和打人的孩子；而乐于助人的父母也更有可能养育出乐于助人的孩子。人们常常把这种影响归因于父母和孩子之间的一种基因联系，或者在某些情况下归因为一种更复杂的情绪传导途径（例如，那些被父母打的孩子，可能会内化这种愤怒感，这反过来会导致他们长大后也变得易怒和具有攻击性）。然而，实验研究表明，除上述归因之外，还存在一种非常直接的榜样效应。当儿童看到有人打一个充气小丑时，他们也更有可能在接下来一天左右的时间里表现出攻击性行为（Bandura, Ross, & Ross, 1963）。同样，当儿童看到成人通过给钱、给糖果，或分享玩具等方式帮助别人时，他们也更有可能在之后以及未来几天里表现出助人行为和亲社会行为。那些看到父母出声地推测别人的感受的儿童，他们更有可能表现出同理心，并最终对他人的感受进行推测。换句话说，无论是从短期来看，还是从长远来看，儿童都会观察和学习成人的行为。现在有一些证据表明，当涉及儿童寻找更多东西的兴趣时，情况也是如此。当父母允许孩子自由地漫游、探索以及笨手笨脚地做事情时，情况就不同了。当父母表现出对探索的恐惧或失望的情绪时，也会对儿童产生影响。但父母的影响只是个开始。当谈到儿童渴望了解更多东西的时候，至少9岁的儿童仍然非常容易受到成人行为的影响。在这里，值得记住的是，儿童在家里从并非直接指向他们的行为中会学到很多东西，在学校也是如此。

奇怪的是，关于教师自身习惯和性格如何影响学生的研究还不多。这令人感到震惊，因为儿童与教师共处的时间很长，而且教师对大多数儿童的日常经验似乎都具有影响力。成人行为的影响可能并不总是直接的。在我们的研究中，儿童并没有模仿马德琳，但他们或多或少对她的行为表现出了兴趣。间接的影响可能也是形成性的。我一直在试图建构一个案例，以此证明儿童从成人那里学到的其中一样东西就是，应该采取什么样的知识立场——是否进行深思熟虑、是否感兴趣，以及是否超然客观。成人似乎影响儿童对于周围事件所采取的立场，但同时也塑造了儿童自己的立场。

在日常生活中，成人的回应通常是转瞬即逝的、微妙的，甚至隐藏在其他活动过程之中。为了思考如何用这些实验结果说明在真实的家庭和学校情境中真实的儿童所发生的事情,我们必须想象在嘈杂和忙碌的背景下,这些影响会带来什么。下面两个具有对比性的例子可供我们思考。

幼儿园的孩子们正坐在地毯上,在老师的带领下完成晨间的各种常规活动——唱字母歌、为当日零食时间挑选"小服务生"、读诗歌以及填写日程表。在填写日程表的活动中,老师对一名幼儿说:"汉克,你为什么不走到窗边看一看再告诉我们今天天气如何呢?这样我们就可以把今天的天气情况填写在日程表上"(说到这里,她用手指了指可以贴在日程板上的几个磁性贴——太阳、云、雨等)。汉克高兴地站了起来,走到窗边。他向窗外看了看,然后回头喊道:"天气晴朗!"老师微笑着赞许道:"很棒,现在回来把太阳贴在今天的日程板上吧。"但是汉克显得有些犹豫不决:"等等!我看见雪了!晴朗的天气和下雪的天气能同时出现吗?"老师非常和善、温柔,似乎丝毫没有慌张,低声地说:"来吧,汉克。我们得继续往下进行,过来把太阳贴在日程板上。"虽然此时老师发出的禁令相当微妙,但也很有效。汉克没有继续观察天空,也没有纠结太阳和雪同时出现这一神奇现象。他回来在地毯上找到自己的位置,然后小组继续进行下面的活动。

与上述例子相对应,下面的对话也发生在一个幼儿园的教室里。三个小女孩在水槽旁一边洗笔刷一边开心地聊天。其中一个小女孩突然说:"嘿,看!颜料在混合!它们被混合在一起了!"另一个小女孩说:"它们混合成的应该是紫色。是紫色吗?"这时,她们非常兴奋地看着颜料从笔刷处流出来,然后混合在一起,她们高兴地发出小小的尖叫声。老师走到水槽边,仔细观察了一会儿,然后笑着说:"噢,看看这个。太神奇了!它们是立即就混合在一起了吗?还是在水流的底部才混合在一起的?我很好奇,如果把所有的笔刷全部放在一起洗,会出现什么颜色呢?"在充满各种课程、日程安排以及活动的一天中,这类活动只是一个短暂的场景。但这两位老师的不同回应方式将影响探究活动是否会发生。

到目前为止，我所描述的一些研究已经确定了影响儿童探究活动的特定行为。在某些情况下，成人会巧妙地邀请或劝阻儿童进行探究，而在另一些情况下，他们会通过自己的探究行为为儿童树立一个重要的榜样。但是，在现实生活中，这些不同的影响途径汇集和融合在一起，创造出了一个或多或少有助于儿童好奇心发展的整体环境。而且在现实生活中，无论是什么力量创造了一个鼓励或阻碍儿童探索的环境，这个环境都可能是相当稳定的。这种影响可能有某种模式。下面是一个来自遥远的过去的儿童的例子，它生动地说明了这个观点。

8岁的时候，加斯很讨厌学校，讨厌枯燥的、不断重复的信息和乏味的任务。虽然他讨厌上课，但是他喜欢信息。他是一位专注而不知疲倦的"收藏家"，他收集邮票、鸟蛋和昆虫。从5岁开始，他就全身心地投入户外，在家附近的树林里花几小时收集动物壳、有趣的植物以及虫子。他还是个"发明家"，会花好几小时制作密码。他喜欢一切神秘的或充满惊喜的暗示，有时候为了给家人留下深刻印象，他还会制造一些惊喜——曾经有一次，他把一些苹果藏在橱柜里，几小时后再假装发现它们，就好像这些苹果神奇般地出现在这个让人意想不到的地方。他之所以有那些绰号，还因为他和他哥哥在家旁边的一个棚子里建立了一个实验室。他会在那里花好几个小时做"实验"——调制药水，试着让东西起泡、冒烟、改变浓度等。他似乎对这些探究活动有着无穷无尽的兴趣。

一天，当他在家附近的树林里收集虫子时，他发现了一种以前从没见过的甲虫。他蹲下来仔细地看——像往常一样，他认真而细致地观察这个令他感兴趣的生物。但是，就在这时，另一只虫子也爬进了他的视线，这只虫子同样令他着迷。加斯想要研究这两只虫子——他怎么才能抓住这只新虫子，同时又不失去原来那只虫子呢？很快，他做出了一个举措，这个举措可能是唯一可以确保他能充分研究这两只虫子的方法——他把第一只甲虫塞进了嘴里，然后腾出手来捕捉第二只虫子。不幸的是，这只被困在危险境地的甲虫为了防御在加斯的舌头上释放了一种有毒液体。但加斯在后来的回忆中说，虽然甲虫在他的舌头上释放了有毒液体，但这么做还是值得的，因为他因此得以能够研究这两只虫子。当我们对查尔斯·达尔文（Charles Darwin）等以好奇心著称的人的生活进行研究时，不难发现他们比其他人更好奇的迹象，即使是在他们很小的时候。达尔文也不例外。他不仅具有异常浓厚的探究兴趣，而且在生命早期，他还特别喜欢自然界。想到他和他的哥哥一起做"实验"的那间实验室，人们甚至可能会说，达尔文对于科学以及科学方法有着天生的兴趣。然而，连同他的黑头发和高智商在内，他似乎拥有诸多强大的个人特质，但这并不能说明事情的全部。因为仔细观察就会发现，他周围的人每时每刻都在向他发出探索邀请。达尔文生长在一个宽容而活泼的家庭环境中。当他还是个小孩子的时候，他就被鼓励去探索他们家位于优美的英格兰乡村的住宅附近的土地。显然，他的父母不仅容忍他的探究行为，还会帮助他追求自己的兴趣。他们为达尔文提供探索的空间和设备，当他表演各种各样的技巧和惊喜时，他们会表现出极大的乐趣。他有大量的自由时间去追求自己的兴趣爱好，还有很多自由去漫游和探究。换句话说，正如莫扎特（Mozart）非凡的音乐才能是由周围热爱音乐的成人花了很大的力气培养出来的一样，达尔文对于新鲜事物和信息的兴趣也总是能够受到鼓励。达尔文只是一个例子，但是这个例子很重要，它表明，邀请或禁止可能对儿童追寻问题和坚持探究的坚定性产生形成性的影响。

第 5 章

带着好奇心去上学

6岁的时候，我就读于一所只有一间红房子的学校，学校离我家800多米。这也是我继父在20世纪30年代上学的地方，30多年过去了，它依旧如故。在老师左手边的第一排是一年级，我的桌子就是这一排五张桌子中的一张。然后是二年级，再往后是三年级，最后是最年长、学识也最为渊博的四年级学生，他们都在老师的右手边。老师格拉布夫人站在教室前面，告诉我们应该做什么。她会告诉一年级学生大声朗读哪一页，二年级学生默读哪一页，三年级学生填写哪一页上的问题，四年级学生写课本上哪一节的哪一段。

我们一年级学生阅读《迪克和简》(Dick and Jane)，做加法和减法题，在美国地图上涂色，此外我们每周还会画一次画。我清楚地记得，有一天，老师发给我们每个人一张闪闪发光的纸和四个小塑料杯，杯子里装满了色彩鲜艳的胶状物质，有点像布丁，它们是用来画手指画的。我将颜料混合在一起，直到它们变成暗淡的棕色。但是与我隔三排的四年级学生唐娜·希尔德雷思温文尔雅又见多识广，她使用的是黄色，我嫉妒得要命。有一次，一个女生因为桌面脏乱，而被格拉布夫人要求在零食时间站在垃圾桶里。格拉布夫人那结实的体形与她冷漠而沉闷的态度相得益彰。我比很多孩子都要调皮，也更喜欢和大人在一起。有一次，我问格拉布夫人她的名字是食物的意思还是污垢的意思。那是我一年级最接近惹麻烦的一次，但是她对于我的疯话并不感兴趣。她狠狠地瞪了我一眼，把我的注意力引回到《与迪克和简一起玩》(Fun with Dick and Jane)这本书上。除此之外，我想不起来整整几年里还有什么有趣的课程或活动。但其实她很善良，也很能让人放松。5月的一天，她宣布那天不上课，而是一起去学校外面的田野摘乳草。她这种对于学习的态度变化给我们带来了一线希望——拥有更多自由。

我在那一年学到了很多东西，例如，蠕虫和便士糖果[1]。午饭时间，她允许我们步行4分钟到一家杂货店，那里也是一个邮局，里面有一个便士糖果箱。我有一个赊购账户，所以每天11：30都赶去那里买一些糖果。我了解每一种便士糖果——不仅了解它们的口味，还了解它们的价格。例如，宝贝卷糖[2]和玛丽简斯糖[3]的价格是1美分[4]，巧克力棒10美分，红色甘草糖5美分。这个价格列表很长而且经常变化，但我对于价格列表中的排列方式有着无尽的兴趣。

我还了解到许多关于我邻居的事情，因为很多事情都是在商店柜台交易时传播的。比如，谁生病了、谁结婚了、谁没有付账、谁的收成差……在那一年，我掌握的另外一个话题是蠕虫。

在我们学校，每个人每个月大约都会有一次向别人展示和讲述的机会，而这纯粹是一种仪式。因为儿童很少对别人展示和讲述的东西感兴趣，甚至连格拉布夫人都没有表现出对我们所展示和讲述的东西的兴趣——所以，它只是我们每周日程中的一项常规活动而已。一个周末，我和莎丽·巴宾斯基在她家后面的田野中沉迷于一系列的蠕虫实验。我们切割它们、用土掩埋它们，还试着喂它们饼干。我们找到的蠕虫都不够我们拿来做实验的。在轮到

---

[1] 指任何一种单独出售的糖果，原本每件糖果的售价都是1美分，后来由于物价上涨，便士糖果的价格也有所提升。——译者注

[2] 美国一种拥有百年历史的糖果品牌。——译者注

[3] 美国一种有名的糖果品牌。——译者注

[4] 人民币与美元的换算以实时外汇汇率为准。——译者注

我们展示和讲述的时候，我们把实验带进了学校。我记得，当时其他学生都被我们俩出人意料的残忍和胆量惊呆了，就像他们对蠕虫感到吃惊一样。格拉布夫人则像往常一样坐在办公桌前，无聊且容忍。

人们可能认为，学校是好奇心绽放的地方。儿童在进入幼儿园之前的学习都是非正式的，而且是融于日常生活中的。但是在家里，学步儿和学龄前儿童很少会为了学习而做什么事情。恰恰相反，年幼的儿童只是做他们想做或必须做的事情（打棒球、收拾桌子、送报纸、在父母与其他人说话时等待、与兄弟姐妹争论、坐在车里，或者扮演蝙蝠侠）。知识和技能学习只是他们必要活动或娱乐活动的副产品，而成人通常也不会刻意教他们。和学习一样，大多数教学都具有偶然性，是一些更实际的追求所带来的非预期性效果。以学说话为例，父母并不会给他们的孩子上语言课。世界上大多数地区的大多数成人，他们并不是为了教孩子怎么说话才和他们说话。凯瑟琳·斯诺已经证明，父母之所以和孩子说话主要是因为他们想要一个对话伙伴。一旦孩子成为他们的对话伙伴，即使是最基本的，那么到了孩子18个月到28个月大的某个时候，父母就会给他们与孩子的口语交流增加一组新的目标——这个时候，他们与孩子交流主要是因为想要控制他们、告诉他们一些事情，或者是向他们分享经验。除了语言之外，年幼的儿童在家里还会学习其他很多事情。无论是帮忙做家务还是玩游戏，他们都渴望在自己感兴趣的事情上获得技能和知识（例如，关于虫子的知识、操纵大人的技巧、童话故事的知识、卡车的知识、与兄弟姐妹相处的技能，或者关于"愤怒的小鸟"这个游戏的知识等）。仔细想想，在儿童所拥有的知识和技能中，大部分是他们在追求其他事情的过程中获得的副产品。这种学习往往是偶然的——没有人刻意教孩子们洗衣服的细节。他们教孩子们洗衣服只是想让孩子们帮助他们洗衣服。很少有父母会充分考虑到，让孩子了解所有家庭动态——父母解释，或孩子解读。也没有人会通过连贯的、精心策划的课程告诉孩子们，是什么导致家庭破裂、走向沉默的，或者是什么使家庭幸福地生活下去的。

我们大部分人认为，儿童入学的时候是随身携带一些他们已经能够熟练使用的学习工具的。毫无疑问，我们希望学校教育能够建立在儿童在家里获得的学习技能的基础上。在学步儿和学龄前儿童身上明显存在的那种强烈的好奇心，促使他们进行大量的学习，而当儿童进入幼儿园之后，这种好奇心仍将是推动他们学习的强大动力。

上述观点不无道理，但是真实情况是这样吗？儿童会带着好奇心、学习工具来到学校吗？当儿童在学习加法、自然拼读、地理、代数、细胞分裂、塞林格[1]（Salinger）的著作以及第二次世界大战的历史等课程内容时，虽然他们采用的方法不同，但他们是否都充满好奇心呢？

儿童在学校里好奇吗

要准确、可靠地了解儿童在学校的好奇心并不容易。首先，从定义上来看，这些数据几乎全是描述性的。我们可以通过观察了解儿童问了多少个问题，他们修理、打开、拆看或观看的频率——但要在课堂活动中追踪23个儿童的想法几乎是不可能的。但不管怎样，我们还是可以测量儿童在学校时表现出的好奇心。

在初入该研究领域时，我最先想了解的事情是，儿童在教室里表现出了怎样的好奇心——我想了解是否有些儿童比另一些儿童更有好奇心？教室中的某些活动或地方是否会比另一些活动或地方更能激发儿童的好奇心？以及不同班级的儿童是否存在明显的好奇心差异？为了回答这些问题，我和我

---

[1] 美国作家，著有《麦田里的守望者》（*The Catcher in the Rye*）。——译者注

的学生决定对小学两端的儿童——学前班儿童和五年级儿童进行比较研究[1]。我们想要了解,儿童刚入学时是否会表现出好奇心?在毕业时,他们的好奇心又会怎样?为此,我们在 5 个幼儿园班级和 5 个五年级班级分别进行了 10 小时的记录。我们每次进班观察都会对儿童进行 2 小时的记录。由于我们感兴趣于儿童在教室各个区域中好奇心的差异,所以我们分别在圆圈时间、餐桌时间以及自由游戏时间进行了样本记录。在分析数据时,我们选择以下三种类型的行为作为好奇心的表现:问问题、有意图和定向的凝视以及操作物体。所有对同一刺激做出反应并且连续发生的行为都被认为是整体性反应。然而,根据好奇往往是一种聚合的概念(某人的内部经验与世界上某些特定刺激的相遇)来看,好奇心的每一种表现都依赖于情境。例如,并非所有问题都是好奇心的表现——只有那些寻求有关想法、物体或人的新信息的问题才是好奇心的表现。并非所有的凝视都是好奇心的表现,只有当儿童看起来是出于兴趣而学习时的凝视才是好奇心的表现。当然,也并非所有的操作都涉及探索。虽然这些差异是微妙的,但事实证明,它们不难被发现。我们对 3 名学生进行数据编码训练,取得了较高的编码内部一致性。这表明,从儿童的行为中发现好奇心并不难。但我们的发现让我们大吃一惊。或者更确切地说,我们发现了一些我们以往没有发现的东西。

平均来看,在我们观察的每 2 小时里,每个幼儿园班级中只有 2.36 个好奇心事件发生。在高年级教室中,学生所表现出的好奇心甚至更少。在五年级教室中,观察到的好奇心事件平均每 2 小时只有 0.48 个。换句话说,在 2 小时的课堂活动中,平均来说只有不到一次的好奇心表现。在我们所研

---

[1] 美国的小学教育一般是从学前班(kindergarten)到五年级,所以在美国的教育体制下,学前班是小学教育的开端,主要招收 5—6 岁的儿童。学前教育主要面对的是 5 岁之前的儿童,承担学前教育的机构主要是日托中心(daycare)或幼儿园(preschool)。——译者注

究的学校中，好奇心的表现充其量也只是偶尔发生。在90%的教室中，至少在2小时里没有出现任何有关好奇心的表现。也就是说，我们很少看到儿童将物体分开、就其他儿童或成人提出的某个话题提问题、观察在他们眼前展开的有趣现象，或者以任何方式展现他们想要了解更多东西的渴望，更不用说看到他们以语言或行动的方式进行任何可见的探究了。对于这种现象，最简单的解释是，他们在上幼儿园的时候就没那么好奇，到了小学结束时就更不好奇了。然而，研究数据并不支持这一结论。首先，我们发现，不同班级之间的差异和不同年级之间的差异一样大。

其中，在幼儿园的一个班级里每2小时平均有0.6个好奇心事件，而在另一个班级里有高达5.2个好奇心事件。在我们5次的进班观察中，有2个五年级班级没有出现任何好奇心表现，然而在另一个班级中2次共观察到7个好奇心事件。在表现出的好奇心数量方面，不同班级之间以及不同年级之间的差异可能看起来很小，但是想象一下在真实班级情境中它们之间的差异。在本项研究所涉及的10个班级中，有9个班级至少有一次在我们2小时的观察中没有出现任何好奇心表现——这可是有着16~24个儿童的班级。具体来说，一个班级里的儿童可能在大部分的时间里都没有参与或听别人参与任何开放式的探究活动。而相比之下，另一个班级里的儿童，他们每2小时就有一两次这样的探究活动。那么可以想象，这两个班级里的儿童将有多大的差异。

我们发现，在小学里几乎没人有什么好奇心，这一点得到了其他研究的证实。回想一下前面所提到的，蒂泽德和休斯在学龄前儿童身上安装录音设备，以了解他们在家和父母在一起时问了多少问题（答案是学龄前儿童问了很多问题，正如第3章所描述的）。而且，当这些儿童入学之后，蒂泽德和休斯（1984）又对他们进行了录音记录。结果发现，一旦进入学校，情况就发生了巨大的变化。这些被调查的儿童，在学龄前期平均每小时会问 26 个问题，而当他们进入小学之后，数量就降到了平均每小时 2 个问题。即使是朱迪思·林德福（Judith Lindfor, 1987）的研究数据也不那么乐观。她报告说，对幼儿园的儿童来说，他们所提出的问题只有不到 1/3 是在表达好奇。

当年龄稍大的儿童被问及对科学等领域的热忱时，许多儿童表示，他们对这个领域很感兴趣，但对学校教授这个领域的方式不感兴趣。换句话说，观察、访谈、调查研究的结果均表明，虽然儿童充满好奇心，但作为学生的他们没有多少好奇心。

好奇心是什么样子的

虽然好奇心在我们的研究数据中比较缺乏，但它还是会不时地出现。这些好奇心为我们提供了有趣的线索，可以让我们了解儿童在想什么，以及他们在学校里是如何满足自己的好奇心的。

一般来说，有两种类型的好奇心——一种是在课堂活动中出现的，另一种是在课堂之外爆发出来的。

对儿童来说，就教师已经讲过的知识提出问题并不稀奇。例如，在幼儿园的一个班级里，教师正在阅读一个有关植物的故事。

一个小男孩用手指着故事中一幅插图问：捕蝇草真是活的吗？它们真的能捕到鱼吗？

教师回答道：是的，它们真的能捕到鱼。它们就是这样吃到鱼的。

孩子们又问了几个关于捕蝇草的问题。在问完第三个问题之后，教师建议他们先阅读完这个故事，然后再回头研究和讨论这些问题。

在另一个更深入的例子中，一组五年级学生正在学习如何用圆规和直尺将角进行二等分。一个男孩问："有没有可能把角进行三等分？"教师询问其他儿童："你们觉得呢？有可能将角进行三等分吗？"其中几个儿童同时回答道："可以。"教师回答说："实际上，这是不可能的。"接下来，几个儿童提出了他们对于如何将角进行三等分的不同方法。对此，教师回复道："我并不感到惊讶。别人越是告诉你们不可能，你们就越想要试试看，这很自然。"尝试过之后，他们继续上课。在这段对话中，有几处比较突出。首先，儿童的问题来源于教师想要关注的内容。换句话说，从教师的观点来看，儿童的好奇心是与他们讨论的话题相关的。无疑，其他教师可能只是简单地回应这个男孩提出的问题，但这位教师能通过重复这个男孩的问题来邀请其他儿童参与交流。接下来，当儿童回答说"可以"时，她却说他们是错的，他们认为可能的事情其实是不可能的。然而，孩子们坚持自己的观点，并提出了几种可能的解决方法。这时，这位教师做了一件很有趣的事情——允许他们尝试，但没有真正发展或扩大他们的尝试。甚至如这位教师和其他儿童对于这个男孩最初问题的有限扩展，在我们的研究中也十分鲜见。

有时候，孩子们会相互表达自己对于课程，或者对于别人的课程作业的好奇心。例如，在一间幼儿园教室里，两个小女孩和一个小男孩正坐在工作台旁边，小男孩把他写在纸上的字涂上了颜色。两个小女孩想知道小男孩写了什么，就从他肩膀处望去，试着看清楚蜡笔下面是什么字。这时，教师走过来提醒她们俩回到自己的工作中。

在其他时候，儿童对于与课程相关的活动的交流发展得更充分，而且往往没有成人的介入。下面这段对话就发生在两个幼儿园孩子之间，他们正坐在桌子旁画恐龙。

男孩1：所以我会比它（朋友涂了色的霸王龙）跑得还快吗？

男孩2：会，但是你没有大盗龙跑得快。

男孩1：猎豹能跑得过猛禽吗？

男孩2：可能跑不过。

男孩1：也有可能跑得过，因为猎豹在恐龙活着的时候还不存在，所以没有人真正知道，对吧？

这个例子体现了几个重要的特征。儿童确实会在教室环境中寻求新信息。此外，他们可以合作建构新的知识——回答彼此的问题，并拓展探究的范围。在这个例子中，男孩1似乎是坚持不懈的一方。他不停地提出问题，最后坚持认为还有更多的东西需要学习。事实上，当他提出有些事情没有人会知道时，他其实是在表明自己的观点，即好奇心只能被真实的信息满足。他含蓄地表达了他的观点，不能仅仅因为一些语言上的回应，就认为它能够增加一个人的知识。

当我们对儿童提出的问题进行认真研究时，我们发现了一个意想不到的有趣问题。有些时候，儿童会用一种推测性的陈述来表示好奇。例如，一个幼儿园的小朋友在圆圈时间说："我敢打赌，我们如果跳得足够用力，就能使地板震动。"一个五年级的学生坐在工作台旁边说："我想就算我数一整天也还是数不到10^{100}。"正如科学家经常在推测中掩盖他们的问题一样，幼儿也是如此。然而，据我们所知，这些推测是否存在取决于教室里成人的反应。在我们的研究中，教师很少扩展儿童的推测。我们经常听到儿童表达他们对于某件事情的兴趣，也经常发现教师对于儿童兴趣的忽视，或者他们解释说儿童的兴趣是偏离主题的。例如，下面一段发生在五年级科学课上的对话就说明了这一点。

儿童：我对这节课有点好奇。那是什么？（指着黑板上的一些字）我不认识。

老师：嗯，那是另一节课的内容（将注意力转移到她现在正在关注的话题上）。

课程之外的好奇心

虽然儿童确实会对教师所讲授的课程和材料表现出好奇，但他们也会对课程之外的话题和事件表现出好奇，无论是在独处时还是在与他人在一起时，而且它们通常发生在日常的课程与教学活动之外。例如，一个幼儿园的小男孩在自由游戏时在教室中跑来跑去。突然，他停下来看了看地球仪，并转动了几下。然后他大声地问："在南极洲能生存吗？"没有人回答他的问题，也没有人注意他的问题，部分原因是，虽然他周围有人，但他当时并没有与别人合作做什么事情。在一次艺术活动结束后，一个幼儿园的小女孩发现自己的手上满是干胶水。她试着将干胶水撕下来，可是没用，但最后她发现，如果将手放在纸上摩擦，干胶水就会自然脱落。当她这样做的时候，她注意到有些东西掉在了纸上，不禁惊叫起来："我做出了一些巧克力屑！"

有时候，这些发生在课程之外的交流涉及的不只是一个儿童，也不只是一个简短的话语片段或动作序列。在一间幼儿园教室中，三个小女孩站在小隔间里聊天——其中一个小女孩的手上戴着一块手表。

女孩1：（把她的手举到耳朵旁边）我想听听手表的声音。

女孩2：我要第二个听。

女孩3：我要第三个听。

女孩1把自己的手表举到她其中一个朋友的耳朵旁边，然后又举到另一个朋友的耳朵旁边。两个朋友都很专心地倾听。只有当每个朋友都清楚地表示，她听到了手表的嘀嗒声时，这个小女孩才把手表移开。

女孩1：我想我知道现在是什么时间了。

女孩2：你应该看看手表。

女孩1：我知道，我看了手表。

这段对话说明我们研究中的两个重要方面。首先，儿童经常在社会互动的背景下表现出好奇。例如，在这个例子中，观察者很难说这两个小女孩想听第一个小女孩的手表声是因为她们感兴趣于手表的嘀嗒声，还是渴望与第一个小女孩建立联系。然而，当将耳朵贴在手表上的那一刻起，第一个小女孩就明显被吸引住了，刚开始是被手表的声音吸引，然后是被如何读懂时间的挑战吸引。除此之外，这段对话一开始可能只是纯粹的社交活动，但它很快就变成了一个了解世界的机会。其次，通过相互表达好奇，儿童不仅能够通过与物体的互动来满足好奇心，还能通过与信息的互动来满足好奇心。这一发现也得到了我先前所描述的一项研究的支持，即我和我的学生将好奇心盒子放在教室中的那项研究。我们发现，在小组中的三年级儿童比独自状态下的三年级儿童更有可能开展探索活动。

儿童似乎对各种各样的现象都充满好奇——他们会询问别人告诉过他们的事情，也会询问他们在周围发现的物品。但我们很少看到，尤其是在幼儿园里，儿童对于物理世界的任何延伸性探索，这令我们感到惊讶。例如，在一所幼儿园里有一个架子，架子上面有两个颜色鲜艳的显微镜。我们在那里进行了历时8周、将近15小时的观察。有一次，一个幼儿走到架子前摆弄了一下显微镜的目镜，然后就放了下来。这种情况很普遍，但在每一个有玻璃鱼缸或水族箱的教室中就不会这样。这两样物品能够稳定地吸引儿童的注意力——我们每次观察时都会发现，在有水族箱的环境中，儿童会进行观察和触摸。然而，更典型的是，儿童还会对概念领域进行探索（例如，早期人类是如何穿越地球的？创可贴上为什么写着"斜纹棉布"？蛇会吃什么？有人不相信上帝吗？等等）。事实上，在每种情况下，当某个物理对象引起了人们的探究兴趣时，围绕它的探究活动很快就会转向对该对象某些更抽象方面的探讨，而不是对该对象物理层面的探究。有几个例子是这样的：首先给某个儿童或某对儿童看一张图片，然后开始讨论有关这张图片的有趣方面，或者，更典型的是讨论图片背后的意义。例如，一个幼儿园的小朋友问，为什么墙上的出勤表中的一些小朋友名字旁边有个字母"A"，这个问题引发了一场有关"缺席"的讨论。在另外一个场景中，一个幼儿园的小女孩问一位同学，为什么他要在画上画一些"隆起物"，她的这位同学只好向她解释为什么恐龙背上有这么多隆起物。

儿童也会好奇他们从别人那里所听到的事情——特别是关于老师个人生活的事情。在观察到的总共 57 个好奇心事件中，有 5 个是在老师谈到他们的个人生活时所展开的延伸性讨论。例如，当某位老师提到她童年的一些事情时，或者是她之前的旅行时，儿童就会想了解更多。在一间五年级的教室中，学生们正在开会，老师在会上提到了她在感恩节假期骑自行车的事情。会议结束后，当学生们准备上数学课时，一个男孩对另一个男孩说："你知道 Z 小姐骑自行车的事情吗？她说的是自行车还是摩托车？你觉得她会骑摩托车吗？她穿着一件皮夹克吗？她是一个自行车手吗？"另一个男孩回应道："是的，骑摩托车的时候得穿皮夹克，不然会被风吹伤。"然后，第一个男孩回到了关键性问题上:"你觉得她会骑一整天吗?你觉得她是地狱天使[1]吗?你觉得他们骑车做坏事,还是只是为了四处兜风?"

这些研究数据的一个显著特征是,儿童对于所有令他们感到陌生的事物都很好奇。能够引发儿童一系列迫切问题的话题包括落基山脉、盘古大陆、金星、不寻常的几何形状、墨西哥之旅以及南方古猿露西的后代,等等。

但他们的好奇心是短暂的,稍纵即逝。大约78%的好奇心事件所涉及的对话不超过四个回合。我们还对儿童的好奇心事件所持续的时间进行了计时,因为我们对儿童表现出来的非言语型探究行为也非常感兴趣。结果发现,没有一个好奇心事件持续的时间超过6分钟,除了3个好奇心事件之外,其他所有好奇心事件的持续时间都不到3分钟。我们从来没有看到过因为好奇心而使课堂活动变得更加具有结构化,或者是改变课堂讨论的方向。

教师的角色

我们发现,尽管这种被定义为好奇心表现的探索行为如此缺乏,但是我们的观察记录本中仍充满了(儿童所问的)各种问题。为了了解更多关于这些问题的信息,我们对数据进行了二次分析,检查了我们听到的问题的频率和种类。最让我们感到吃惊的是,大部分问题都是由教师提出来的——事实上,总的来说,教师提出的问题数量几乎是儿童提出的两倍。我们将教师提出的问题划分为以下五种类别。

1. 教师知道答案的问题:"24除以8等于多少?"
2. 反问性问题:"那是进入教室的路吗?"

---

[1] 日本漫画《名侦探柯南》及其衍生作品中的女性角色。——译者注

3. 开放性问题："如果用一个事物来比喻辛迪今天早上走路的样子，你会用什么呢？"

4. 寻求儿童的观点或喜好的问题："你们想在吃零食之前还是之后参加考试？"

5. 其他问题：教师提出的任何不属于上述四种类型的问题（这类问题的数量很少，而且很少被用于进一步的分析）。

到目前为止，教师提出的绝大多数问题要么是反问性问题，目的是指导儿童的行为；要么是寻求教师已经掌握的信息——所谓的"测验模式"的反映，在这种模式中，教师问问题的目的是弄清楚儿童对于某些知识的掌握情况。在大多数情况下，测试性问题都是教师在黑板前或是在检查儿童对于一些他们本该了解的内容的掌握程度时提出来的。

我们的印象是，大多数时候，教师对每一段时间都有非常具体的目标，并且会付出很大的努力来让儿童完成任务和达到目标（对五年级来说，目标包括该年级所特有的课程目标，如掌握具体的数学技能、学习特定的历史事件，或者学习如何在写作中使用各种语法形式）。在我们观察到的几乎所有班级中，掌握似乎是比探究更重要的目标。通常情况下，完成特定的任务（如工作表、写作任务等）似乎比实际的学习更重要。换句话说，教室的结构清楚地表明，我们所看到的教育活动并不是为了鼓励好奇心而设计的——教师也没有将儿童的好奇心作为教什么以及如何教的向导。然而，正如研究数据所显示的那样，我们确实看到了一小部分行为，包括语言和手势，这些行为揭示了儿童对于各种话题的兴趣，同时给出了一些提示，说明即使是在一个不以好奇心为导向的环境中，这种兴趣是如何显现的。

有一些例子表明，在一些更活跃的实践活动中，教师会提出更多开放性问题。然而，这些例子中最引人注目的地方在于，虽然它们反映了教师提出的不同类型的问题，但却没有包含儿童提出的很多问题。我们认为我们是知道其中的原因的。在这种情况下，仍然是教师问问题——也就是说，由于教师问的问题太多，因此儿童很少有机会提出自己的问题。换句话说，在我们所观察的班级中，几乎没有证据表明课程的隐性或显性目标在于帮助儿童提出问题。教师提出的问题要么是他们自己已经知道答案的问题，要么是真实的问题，进而希望引出儿童的推测和答案。

例如，在一所幼儿园里，一位老师拿着一个装有水、藻类以及鱼的塑料袋走进教室。几名幼儿立马表现出了对于塑料袋及其里面所装的东西的兴趣。其中一名幼儿很急切地说："我知道那是什么，那是'过敏反应'（allergy）。"过了一会儿，教师召集整个小组的儿童坐在水族箱附近的地毯上，而她自己站在儿童面前且拿着那个透明的袋子。

教师：你们觉得里面有什么？这是什么东西？

幼儿1：我知道它是什么。我知道。它是一种，它是一种——它是一种"过敏反应"。

教师：它是一种食藻生物（algae eater），不是"吃过敏反应"（allergy eater）的。谁知道海藻是什么？

幼儿1：就像那个上面的东西（指着水族箱的玻璃内壁）。

教师：是的。海藻是什么？它是泥土吗？

幼儿1：有些人确实有过敏症。

教师：是的。

幼儿1：比如对鱼过敏。

教师：有些人确实会。这是真的。但是海藻里面……海藻是什么？它实际上是什么？

幼儿1：过敏反应。

教师：是海藻没错，但它是……（她的声音拖得很长，好像想要引出儿童的猜测）泥土吗？

6名幼儿同时答道：不是！

教师：它是……它是什么？

幼儿1：像沙子。

教师：和泥土一回事，但是它是别的什么东西。嗯，它是动物吗？

幼儿们：不是！

教师：不是。它是活的吗？

4名幼儿同时答道：不是。

其他幼儿：是的！

教师：是的——它是一种植物，一种非常非常小的植物。而且这种鱼是素食主义者，它是食草动物，它吃……那么为什么这些鱼（指着鱼缸里的鱼），我们的两条大鱼——为什么它们不吃草呢？

幼儿1：因为它们不喜欢。

教师：它们是另一种类型的食客。它们是哪种类型的食客？

幼儿1：肉食者。

教师：哪一只是——

幼儿1：食草动物！食肉动物！

教师：哪个是食肉动物？我们有食肉动物。

他们的讨论被一个小朋友的鼻涕声打断。当他们再次回到讨论中时，开始谈论老师带来的装在袋子里的其他鱼。一名幼儿问："它们叫奥斯卡龙吗?"

老师继续说她正在说的话。这名幼儿再次问:"但是真的有奥斯卡龙吗?也有阿尔吉奥龙吗?"

老师没有听到他的问题,因此也没有做出回应,他们继续辨认老师带来的其他鱼。

在这个例子中,老师带来了能够立即吸引幼儿兴趣和注意力的材料。她还使用了可能被认为是幼儿园版本的苏格拉底方法。她将问题作为一种能够让儿童表达或推测她想让他们知道的信息的机制。在这次对话中的几个地方,当老师的问题没有引出幼儿正确的回答时,老师就会紧接着再问一个问题,以帮助幼儿缩小推测的范围。老师提问的巧妙转变类似于脚手架,从某种意义上来说,当最初的问题看起来超出了儿童的能力范围时,老师会提供一个更加窄化的问题,以便幼儿更有可能做出正确的回答。在这段对话中,老师问了10多个问题(虽然其中4个问题是同一个问题的变体,它们的目标都在于引出同样的目标答案——海藻是一种植物)。一直到鼻涕声打断他们的对话为止,没有一个问题是由幼儿提出来的。后来,鼻涕声后,一名幼儿确实问了一个问题,他想知道一些有关恐龙和他们正在观看的鱼以及海藻之间的联系,但是这个问题没有得到回答。

这个例子说明了儿童的参与度与好奇心之间的一个重要但却容易被忽视的特点。老师可以谈论一些特别能吸引学生的事情,而学生可以对某个话题非常感兴趣——非常投入有关该话题的讨论或活动。但这本身并不意味着儿童在问问题,也不意味着他们的问题就是他们好奇心的反映。在上面的例子中,儿童显然感兴趣于那个塑料袋以及里面所装的东西。

更具代表性的是,有些老师会通过提醒学生专心做功课来回避学生的问题。例如,两个幼儿园的小朋友坐在桌子旁边描摹任务单上的字母。但不知从什么时候起,他们停止了描摹,开始看桌子上的一些冰棒棍,上面印着简单的小谜语。这两个小女孩试图破解这些冰棒棍上的谜语,这时老师正坐在桌子旁边帮助另一名幼儿,她把那些冰棒棍装进口袋里,然后说:"让我们暂时把这些收起来,这样你们就可以完成字母描摹了。"这个例子说明了我们曾看到过几次的一个有趣现象——儿童表现出的好奇心在主题和技能上都与教师主导的活动有关,但这些活动并不是计划内活动的直接组成部分。

但对大一点的儿童来说呢?再说一次,表面现象可能具有欺骗性。友好的教师、动手操作活动以及参与的儿童并不一定就意味着有活生生的好奇心。几年前,我坐在一间五年级教室的角落里收集数据。在一次科学课上,我环顾教室四周,看到了许多显然只有优质的班级才会有的装备。墙上贴着爬行动物和鱼类的海报,一张元素周期表,还有一张科学家穿着实验服凝视试管的照片。在一个柜台旁边放着几台显微镜,一个空的玻璃容器,还有一个装满了滴管、测量仪器以及勺子的箱子。学生的课桌面向前面呈马蹄形摆放,讲桌是一个高高的柜台,老师可以在上面做示范或展示材料。讲桌后面是一堵墙,墙上挂着一块黑板和一块用于播放电影和讲座视频的电子屏幕。

21 名 10 岁左右的男孩和女孩分别坐在座位上。这个班级的老师帕克夫人解释说,学生们要以小组为单位开展一项活动,学习古埃及人是如何发明轮子来运输石头,以建造巨大的金字塔的。接下来,她将儿童分成三组,并让每一组学生上来取他们所需要的材料——一块呈扁平状且一端有金属孔的木条,一些圆形木钉以及一个小的测力装置,即以一定的速度在一定距离内拉动一个物体所需要的力的大小。这个装置上有一根连着挂钩的绳子,这样儿童就可以将物体挂在上面。老师还给每个小组发了一张需要填写的任务单,里面包含材料使用方法的详细说明,还有一系列的问题。每组学生都要试着在地板上拖动这块木头,测量当地板上有木钉和没有木钉的情况下拖动它的难度。当时,我清楚地意识到,这样做的目的是让每一组学生都能"发现",用木钉做轮子来拉木板要容易得多。

学生们兴奋地按照要求分成了指定的小组,他们手里拿着材料,在地板上找了地方坐下来。当他们按照任务单上所列出的步骤开始工作时,噪声变大了。这时,帕克夫人在四处走动,她高高地看着这群学生,鼓励他们,给他们提示,并提醒他们别忘了回答任务单上的问题。她有好几次提到他们"正在前进""正在取得良好的进展",或者"即将到达目的地"。我环顾教室,想看看是谁在拉木块,是谁在记录力的大小,又是谁在静静地看着。然后我注意到一组学生似乎忘记了任务单,他们对设备很感兴趣。他们试图找出使用这个弹簧测力计的不同方法——用力拽、拉,甚至一度把它高高地举了起来,从而使悬挂在上面的木条在空中摆动。接下来,他们将木钉像柱子那样立了起来,并试图使木条在木钉上保持平衡。最后,他们将木钉放倒并将它们弄得像传送带一样,这样木条就能沿着木钉的表面滑动。这时,帕克夫人也注意到他们的做法。她越过学生们的头顶,用响亮而清晰的声音向所有人喊道:"好了,孩子们,时间到了。我会给你们时间在课间再做实验。现在科学课的时间到了。"

从表面上来看,这位教师做的正是许多教育者所提倡的动手活动。她让学生们有机会通过积极的参与来学习,亲自发现一些原理,而不仅仅是记住一些规则或公式。学生们看起来也确实很快乐、很投入。但就在其中一组学生出于他们对实验工具的好奇心,而将这个活动变成他们自己的活动时——"如果我们这样拉动会发生什么呢?如果我们以那样的方式挂会发生什么呢?"——教师阻止了他们。他们偏离了教师的计划。讽刺的是,这发生在学生们开始对形成和回答自己的问题感兴趣的时候——这时候，好奇心作为最佳的学习基础发挥了作用。

这使我们对目前的研究有了一个关键的了解。通常，儿童之所以很少提问、不探索物体或胡乱摆弄东西的原因是教师觉得这样的探索会妨碍他们的学习。我甚至听过教师这么说。

在我观察到的一节二年级社会研究课上，一个15岁的男孩在老师开始讲课（关于美国革命起因的课程）15分钟后举起手。他的老师是位聪明活泼的女士，而且深受这所郊区公立学校学生的喜爱，她用轻快的声音说："我现在不能回答问题。现在是学习时间。"

实验证据表明，这并不是一种反常的现象。我和我的学生凯莉·兰德尔（Kellie Randall）决定验证我的预感，即学校教师仓促的责任感正在阻碍儿童的好奇心。我们请教师们参加一项有关儿童学习的研究。报名作为被试的教师被带到实验室，并被告知他们将指导三、四年级的学生进行一项名为"弹起的葡萄干"的简短而有趣的科学活动——再次看看小苏打、醋和水的混合物所产生的气泡是如何附着在葡萄干上，并使葡萄干浮到混合液体表面。我们告诉被试，我们将对整个活动进行录像，并列出了他们需要的材料，简要解释了活动背后的科学原理，还交给他们一份可以引导他们完成"实验"步骤的任务单，而且该任务单需要在他们的指导下由学生填写。这份任务单类似于大多数儿童在学校做学习活动时所使用的任务单（事实上，非常类似于五年级学生在学习埃及车轮的发明时所使用的任务单）。

与此同时，我们训练了4个9岁的儿童做我们的"同盟军"。这些儿童会表现得好像他们就是我们要研究的对象。我们向他们展示这些材料，并向他们解释，与他们互动的每一位教师都在帮助他们学习弹起的葡萄干这个实验。然后，我们还告诉他们，在活动进行到一半时，他们需要往混合液体中投入一些任务单中没有的东西——一颗彩虹糖而不是葡萄干。我们帮助他们练习如果教师问他们在做什么，他们应该怎么说："哦，我只是想看看会发生什么。"

我们的目标是了解当儿童偏离既定任务时教师会做何反应。我们感觉到，教师们似乎并不是从本质上反对探索，而是在无意中会阻止儿童的探索，因为他们在完成任务和坚持计划上倍感压力。正因为如此，我们在实验情境中又增加了一个变项。对于参与研究的一半教师，在向他们解释这项活动时，我们会说："这里有一些材料，你们可以利用它们来帮助学生学习更多的科学知识。"待一切准备就绪之后，实验者就会离开房间并对他们说："好的，祝你们在科学学习中获得快乐！"而另一半教师会听到稍有不同的声音："这里是一些材料，你们可以用它们来帮助学生填写任务单上的问题。"同时，实验者在离开房间时还会对这些教师说："祝你们填表愉快！"

我们的小同盟军非常出色。虽然重复做了多次，但没有一个人感到厌烦，他们每个人都遵守计划。当活动进行到一半时，儿童需要将彩虹糖放入混合液体中。教师们对于儿童将彩虹糖放进混合液体中的这一行为有一系列不同的反应。有些教师会温柔地引导儿童回到任务单上所列出的步骤，有些教师会这样说："等等，那不是本次活动的内容。"或者说："你可以稍后再尝试，现在我们需要按照要求继续做。"或者简单地说："不，不，不要那样做。"还有教师说："哦，很酷。你是怎么想到这么做的？"或者说："嗯，我想知道它是否会和葡萄干有一样的反应。"

当我们分析这些数据时发现，那些被鼓励帮助儿童学习更多科学知识的教师，他们更有可能对儿童将彩虹糖放入混合液体这一偏离任务的行为反应良好，而那些被实验者以轻描淡写的方式强调要侧重于填写任务单的教师，他们更有可能阻止儿童这种偏离计划的行为。其他一些我们认为可能会影响教师对儿童的好奇心做出反应的特征，似乎并不重要。不管教师是男性还是女性，年轻还是年老，经验丰富还是新手都不重要。这项研究还得出了一个更有趣也更重要的观点。在每位教师及其指定的"学生"完成活动之后，实验者会坐下来向他们解释研究的真正目的（记住这一点，直到这一刻之前教师们还都认为他们是在帮助我们收集关于儿童的数据）。首先，我们给予每位教师机会来选择是否保留他们的录像带，如果他们选择扔掉，那么这份录像带就不会被纳入我们的数据（我们是基于这样的假设，即有些教师一旦知道我们在研究他们，就会选择不被纳入后续的数据分析）。但作为汇报的一部分，实验者和每位教师都聊了聊，这样就能了解他们在进行这项活动的感受。当被告知我们真正的兴趣是儿童的好奇心时，大部分教师，包括那些对学生放彩虹糖到混合液体中的行为反应消极的教师在内，他们都表示支持儿童在课堂上的好奇心。一位教师说："哦，我不太擅长执行规章制度，也不太会遵守那种严格的要求。我在教室里不是这样的，我希望这不会影响研究结果。"这位教师是对儿童的行为反应比较严厉的教师中的一位，甚至在儿童把彩虹糖扔进混合液体之后立即就把它捞了出来。换句话说，很多教师不知道他们刚才做了什么。

关于这一难题，我们有另一部分的数据来源。我和我的学生向114位教师发送了调查问卷。在调查问卷中的第一部分，他们被要求列出他们最希望在整个学年中教给或鼓励学生的5种技能或品质。在调查问卷的第二个部分，他们被要求从列出的10种品质中圈出5种。列出的10种品质包括"礼貌的""合作的""体贴的""有知识的"以及"好奇的"等词汇。大约77%的受访教师将"好奇的"列为排名前五的词汇之一。然而，在调查问卷的第一部分，当被要求提出他们自己的想法时，却只有23位教师列出了"好奇心"这个词汇。换句话说，当"好奇心"引起教师的注意时，他们会觉得它很重要；但如果没有这样的提示，好奇心就不是头等大事。这个小小的发现支持了我通常的预感，即大多数家长和教育工作者认为好奇心是美妙的、重要的、有价值的以及良好的。但大多数人在教学和计划课程中，以及在对教师、学校和班级进行评价时，脑子里并没有好奇心。通常情况下，人们认为自己所想的，与他们实际所想的完全不同。

对教师来说，这并不仅仅是因为他们对好奇心不感兴趣或不关注。在学校里，好奇心的障碍不仅仅是缺乏对好奇心的热情。还有一些无形的强大力量在阻碍着教室中好奇心的表达和培养。其中，两个最主要的障碍就是，在大多数教室中，事情发生的方式都是按照计划进行的，而且每天有许多必须完成任务的压力。

所以，当我们把这些不同的线索放在一起时，就能够对学龄儿童的好奇心有什么了解呢？从理论上来说，有很好的理由认为，随着儿童年龄的增长，他们对于自己所好奇的东西越来越具有鉴别力。当他们越来越熟悉日常生活时，在一天的大部分时间里，日常事件就不足以引发他们的好奇心和探究欲。另一方面，一个人对某件事了解得越多，无论是对去学校的路线，还是对卡车、行星或其他女孩之类的话题，就会有越多的期望被打破。换句话说，随着年龄的增长，儿童会对更窄化的经验链以及更精细的经验层次产生好奇。正如引人注意的是脚本中的细节信息，而不是脚本本身。所以，我们可以预料到，5—10岁的儿童所表现出的好奇心频率会降低，表现出的方式也会出人意料。一个儿童转过头去研究一辆驶入车道的卡车，因为他实际上对卡车有很多了解，因此他注意到这辆卡车的轮子数量比大多数卡车的轮子数量要多。另一个儿童研究老师和其他儿童的互动，因为她非常关注这些互动，因此让人很好奇，为什么这个儿童会以大多数儿童都不会的方式与成人交谈。换句话说，好奇心变成一道更窄但或许也更加明亮的光，它带有更多的意图性。因此，虽然一些研究表明，好奇心会随着年龄的增长而逐渐减弱，但这也可以解释为，实验室研究中所呈现的活动并不能引发 8 岁儿童与 5 岁儿童同等水平的探究活动。

与此同时，成人的角色似乎也发生了变化。2 岁儿童的家长会通过他们与儿童的基本关系、提问模式以及鼓励或阻止儿童在家里探究等方式来影响孩子的基本好奇心，然而年龄较大的儿童会对各种各样的成人做出反应。这些成人（如实验者、博物馆讲解员以及教师）可以通过微笑、提问以及评论等方式降低或提升儿童的好奇心。好奇心越少的儿童，他们对于成人的反馈越敏感。在这个故事的发展过程中还有一个转折。随着儿童年龄的增长，他们的好奇心会变得更加具有社会性。对学步儿来说，母亲是他们的避风港；而对 9 岁儿童来说，他们的探险可能需要一个小团队。

现在，我们可以将这幅嘈杂的发展图像放到教室这幅大拼图中。一旦儿童进入学校，他们就会表现出更少的好奇心。他们问问题的数量更少了，对于物体的探究频率以及彻底程度也更低了，总的来说，他们似乎不太愿意坚持满足自己对于信息的渴望。虽然我们认为随着年龄的增长，儿童的好奇心会减弱（这种过分简单化或概括化的期望是没有依据的），但是这种减弱也不应该像学校数据显示的那样剧烈。学校的某些东西正在减少儿童的好奇心表达，超越了不可避免的或内在的发展性影响。

那么，如何解释好奇心减弱呢？当看到儿童对社会线索的敏感，以及他们对让他们感到好奇的事情越来越具有选择性的时候，人们就会把这些与教师不愿意偏离计划、为实现某些目标（与满足好奇心不一致的目标）而承受的压力，以及对向年幼的学习者提供能够表达他们好奇心的材料的普遍忽视联系在一起，人们开始明白为什么儿童在学校里显得如此缺乏好奇心。

这并不是一个新问题,也不是高风险测试或任何其他近期发明的结果。事实上,关于无聊的学校的故事至少可以追溯到18世纪。丹尼斯·狄德罗(Denis Diderot)编纂了著名的法国启蒙百科全书,这本书被认为是启蒙运动的"圣经"。但与其他智力成就巨大的人不同,对狄德罗来说,学校是一个监狱,而不是一个实验室。作为一个小男孩,他在学校里一次又一次地因为无礼而惹麻烦。他最终因为无法忍受而辍学,然后跟着父亲学习制刀。但他发现父亲的工作坊同样让人无法忍受。他弄坏了很多刀,于是选择回到学校,他说宁愿生气也不愿无聊。在学校里,狄德罗可能发现了许多令他感兴趣的东西,只是他几乎没有机会追求自己的兴趣,所以他才感到恼火。但是在父亲的工作坊中,他甚至连感兴趣的东西都没有。

在一项精彩的研究中,弗兰克·巴伦(Frank Barron,1981)研究了历史上许多伟大的成功人士的生活,试图找出他们童年时期的哪些因素可以解释他们成年后取得的卓越成就。他发现这些成功人士身上唯一的共同点是,他们都有很长时间不上学。有上进心的、能力很强的儿童与其他同样有天赋的儿童的区别很可能就在于,他们在校外有机会追求自己感兴趣的东西。

在很大程度上,学校是儿童在环境中学习的一种正规形式。但是现在,在第二个千禧年里,我们期望更多的儿童可以学到比以往任何时候都更多的东西。而且,我们还希望儿童学会如何学习,在他们完成正规的学校教育后继续学习知识。然而,奇怪的是,我们不知何故忽略了学习过程中最重要的一个元素——人们对于发现的渴望。

第 6 章

是什么为学习助力

在我 7 岁的时候，我从农场所在村庄里的那所只有一间教室的学校转到了一所崭新的进步主义私立学校。就是在去那所学校的第二天，我上了人生中第一堂正式的科学课。连同班级里所有其他 6—11 岁的学生一起，我被带到了一张长桌旁，在那里我们各自坐下来。在桌子中间，大约有 6 个完全相同的白色小正方体排列成一行。科学老师托尼问我们，这些物体是什么？我们满怀期待地看着他。我们大多数人都知道，当老师问一个问题时，他自己无疑已经知道答案了，但是托尼老师什么也没说。所以，我们再次看了看这些物体，而且我们几乎立刻就发现了它们是什么，于是很兴奋地喊了出来："它们是方糖！"接下来，托尼老师问："你们如何确定它们是方糖？"我们一下就被他的问题问住了。他知道它们是什么，我们也确定自己知道它们是什么。但是他的问题悬而未决，既然（在我们给出答案之前）他拒绝继续往下进行，我们就必须弄清楚我们的猜测是否正确。也许我们是错的。于是，我们开始研究这些小正方体。我们将它们从桌上拿了起来，凑近看，以便对它们进行检查。有几个儿童嗅了嗅这些小正方体；有几个儿童将它们转过来看，以确定它们从不同的角度看都是一样的；还有一个小男孩把这些小正方体放在耳朵旁摇了摇。最后，我做了唯一一件明智的事：伸出舌头舔了舔。我这么做其实是在冒险。如果不是我想的那样呢？但是，当我的舌头碰到它们的时候，一种亲切、熟悉、甜蜜的味道瞬间充斥了我的舌头。然后，托尼老师说道："是的，科学家们就是这样做的，他们会观察，而且我们有五种感官可以用于观察。"我永远不会忘记这节课。

为什么这节课令我如此难以忘怀？不是因为它比其他课堂上的活动有趣，我在学校做过很多更有趣的事情。也不是因为它比其他课堂上的活动更难，这节课上的活动没什么难的。原因其实非常简单：我被它所具有的神秘感迷住了，我想知道接下来会发生什么。

当我们对某样东西充满好奇时，我们就能更好地了解它，这种想法似乎很直截了当、显而易见，甚至还有些陈词滥调。然而，由于这种想法在教育实践中似乎很少被使用，而且由于它是本书的一个关键论点，因此值得我们思考它在教育实践中的不明显性。

大多数时间，成人期望儿童学习有三个原因：他们担心儿童不学习会发生不良后果；他们想知道如果确实学习了会得到什么回报；或者他们确信学习对于儿童未来的幸福是至关重要的（一种长期的、假设性的回报）。当儿童在学习中遇到困难时，我们认为需要以一种不同的方法来教他们，或者让他们深刻地认识到他们所学的东西的重要性或益处。我们鼓励他们更努力地学习，或者花更多的时间学习，虽然通常来说，激发他们对于材料的兴趣会更加有效。

兴趣的力量

过去至少 50 年的实验研究证据已经表明，儿童的内在兴趣是激发其学习的最强大力量。丹尼尔·伯莱因的实验就是以好奇心是一种驱动力为前提的，就像饥饿感或性欲一样。和其他类型的唤醒一样，好奇心可以是消极的，也可以是积极的。但无论哪种形式，它都会促使有这种感觉的人减少唤醒，而这种唤醒状态的减少会让人产生暂时性的回报感。唤醒及其减少的程度越高，这种回报感就越强。伯莱因提出了这类唤醒的四种来源——新奇的事物、复杂的事物、有冲突的事物以及令人吃惊的事物。在他所做的一项关于这一构想的最著名的研究中，他给被试读了一长串事实性信息。其中一些被试比另一些被试表现得更为吃惊或意外。后来，当被要求回忆他们所听到的信息时，研究者发现，对被试而言，他们更能记住那些令他们感到惊讶的东西。有些人可能会说，罗伯特·比约克（Robert Biork & Linn，2006）、纳特·科内尔（Nate Kornell & Bjork，2008）等研究者的工作表明，困难才是学习的关键。在目前的一系列研究中，研究人员也表明，当学生对于所学的内容感到有些挣扎时，他们才会学得更好。例如，在一项有关这方面的研究中，十一二岁的儿童需要练习四种数学问题，包括使用公式求棱柱的面或角的总数。一半儿童采用了封闭策略（blocking technique），即用一种类型的解题策略一次性练习许多例子；而另一半儿童采用交错策略（interleaving technique），即一个接一个跳来跳去地练习各种不同类型的问题。一般来说，人们认为使用封闭策略更加容易，而且事实上，在实验过程中，当学生使用交错策略进行练习时，他们会更难解决问题。然而，如果是在练习之后的第二天对学生进行测试，就会发现，那些使用交错策略的学生表现得更好（Taylor & Rohrer，2010）。奥尔特（Alter，2013）也做了一系列简洁的实验，这些实验表明，当人们遇到他所说的"不流畅"时——也就是使学习者暂时受阻的小信号或小障碍时——他们就会在更深层次上处理材料。这类实验研究表明，虽然人们会被那些让学习看起来更容易的方法吸引，但是当他们遇到一些障碍或少量的困难时，实际上可以学得更多。然而，还有另外一种方式来解释这些发现。在这些实验中，困难通常是很小的，而且会涉及一些变化或意外。也许困难正是好奇心的另一种表现。那些能够"抓住"我们注意力或者让我们"再想一想"的东西，就是伯莱因所说的能够触发唤醒状态的东西。

几十年来的研究表明，注意力是学习过程中的一个核心机制。为了学习一篇文章，我们必须要注意它。文章内容越吸引人，就越容易让我们排除对其他事情的关注，如无关的噪声、其他想法和具有竞争性的任务等。让我们的注意力被某物"抓住"往往是学习该事物的第一步。假如一个儿童正坐在教室里听老师讲解长除法，突然老师开始用唱歌的方式而不是说的方式讲解，学生们就会集中注意力，还可能更好地学习解题的顺序（虽然也有可能使他们的注意力总是集中在听老师唱歌这件奇怪的事情上，以至于他们根本记不得在除法计算中是如何借位或保留的）。然而，在这个例子中，这些学生的兴趣并不在数学本身，而在数学之外的其他东西。那么，如何激发儿童对于学习内容更深层次的兴趣呢？

让儿童学习，就需要让他们感受到所学东西在学校之外有着某种重要性和意义，杜威（Dewey）也许是这一观点的第一位而且是最有影响力的一位代言人。在他的开创性著作《儿童与课程》(*The Child and the Curriculum*, 1911)中，他提出，儿童想要成为社区的一部分，他们渴望掌握能够将他们与更大的社会世界联系起来的主题和技能。很多教师认为，杜威的这一观点意味着他们应该使学校的任务更加接近现实生活。但这往往会被理解成某种表面的、短暂的概念。在一次迭代中，教师和教科书作者都认为，他们可以使用有关酷孩子或酷活动的故事（例如，马蒂和希尔维亚进行滑板比赛，马蒂每小时滑近5000米，希尔维亚每小时滑近万米，比赛开始19分钟后，希尔维亚领先马蒂多少米？）来代替枯燥的数学问题。正如我以前的一位学生汉纳·豪斯曼（Hannah Hausman）曾经说过的那样，这是一种通过向学生呈现现实问题（realistic problems）而不是真实问题（real problems）的方式来吸引学生努力的做法。这些"现实的"问题描述的人、物以及情境等可能看起来更加有趣，而且与儿童的现实生活也更加相关。教科书作者假设,儿童感兴趣于那些包含某些面向儿童的单词、主题或内容的问题。然而,这些"现实的"粉饰往往会失败,因为儿童感觉不到他们与那些他们必须要完成的实际问题或任务之间有任何持续性的联系。他们对工作本身并不感兴趣。

持久的、由内部产生的兴趣对于儿童和成人一样重要。K. 安·伦宁格(K. Ann Renninger, 1992)已经证明,当婴儿和学步儿对某个物体表现出兴趣时,他们就会更加彻底、长久地探索这个物体。当18个月大的儿童有机会与他们先前感兴趣的物体互动时,他们就会与这件物体玩更长的时间,用更多的姿势探索它,还会对其采取更广泛的行动。换句话说,即使是婴儿也会对某些物体比另外一些物体更感兴趣,一旦婴儿产生了对某个物体或某类物体的兴趣,他们对这个物体或这类物体的反应可能就会不同于对其他物体的反应。这其中的关键在于一种独特的个人风格:儿童的兴趣并不完全是短暂的;对于他们觉得有吸引力的事物,他们会拥有持续的兴趣,不管对别人来说,这些事物看起来是否新奇或有趣。一个婴儿感兴趣的事物可能与另一个婴儿感兴趣的事物有明显的不同,除非某个事物很"花哨",很多人都对它感兴趣。

而且,有些儿童的兴趣几乎到了痴迷的程度。在一组更有趣的研究数据中,朱迪·德洛奇(Judy DeLoache)及其同事探索他们所说的幼儿所具有的"极其强烈的兴趣"。在他们所描述的一系列研究案例中,一个儿童完全被球吸引,一个儿童完全被卡车吸引,还有一个儿童完全被牙刷吸引,等等。这些儿童会发展出一种对于某个物体或某类物体的痴迷(DeLoache, Simcock, & Macari, 2007)。正如伦宁格所发现的那样,德洛奇及其同事研究中的儿童,与那些花很少的时间和精力探索类似物体的儿童相比,能够获得有关他们强烈感兴趣的事物的更广泛以及更深入的信息。这些数据表明,在很小的时候，人类就有能力对特定的事物产生特定的兴趣。不用说，这种兴趣在某种程度上具有自我延续性。对德洛奇的研究对象来说，他们花在自己所选择的对象或主题上的时间越多，他们就越感兴趣。当朱丽叶在阳台上告诉罗密欧，她的爱是如何在对他的爱中成长时，她完美地捕捉到了这一点。

> 为了表示我的慷慨，
> 我要把它重新给你，
> 可是我只愿意要我已有的东西。
> 我的慷慨像海一样浩渺，
> 我的爱情也像海一样深沉；
> 我给你的越多，
> 我自己也越是富有，
> 因为这两者都是没有穷尽的。
>
> （罗密欧与朱丽叶，第二幕第二场）

换句话说，摆弄某个物体并不会让儿童得到满足，而会导致儿童产生更大的兴趣。仔细想想，这完全是有道理的，并且符合这样一种观点：尽管大多数儿童在他们好奇的事情上更有选择性，但他们对某些东西的好奇心往往也会扩大。我们知道，意想不到的事情以及令人吃惊的知识差距，都会触发人们的好奇心。随着儿童年龄的增长，从表面上来看，日常生活所提供的惊喜会减少。然而，随着儿童对于特定程序和领域了解得逐渐增多，他们对于知识中更微妙的惊喜、不一致以及知识差距等也会变得更加适应。人们对于某个有趣的话题了解得越多，就越想了解更多。这种将知识和好奇心联系在一起的循环往往导致专业知识的产生。

我们只需要想象一下一个对恐龙着迷的 5 岁儿童，就能发现这是真的。那些如饥似渴地阅读有关恐龙的书籍、收集小恐龙模型，以及花几个小时学习所有恐龙的名字和特征的儿童，他们的求知欲似乎总是得不到满足，而他们所拥有的知识量也令人惊讶。几年前，米什莱恩·奇（Micheline Chi，1978）的研究表明，儿童所拥有的知识使他们的认知能力似乎比使用实验者所指定的材料完成实验任务时要强得多。例如，5 岁的儿童通常很难记住国际象棋棋子在棋盘上的位置，或者他们读过的一长串单词。然而，当米什莱恩·奇以及其他研究者请 5 岁的国际象棋选手解决基于国际象棋的记忆任务时，他们的能力非常出色。同样地，年幼的恐龙爱好者会采用他们这个年龄的儿童通常不可能采用的记忆策略。当时，这些实验被用来证明儿童的认知技能比皮亚杰所说的更具有领域特殊性——儿童并不是只能像 6 岁或 3 岁时那样简单地思考。即使是 6 岁的儿童，对于他们所擅长的一些事情，他们也会以更加复杂、有力的方式进行思考。但在好奇心和兴趣的背景下，这些发现还有另一种意义。或许儿童与某个或某类物体互动得越多，他们就会越好奇；而他们越好奇，所获得的知识也就越彻底、越深远。这表明，兴趣能够使认知发展超出特定领域的特定知识。还表明，当儿童对材料有更大的兴趣时，他们会学到更多的东西。

伯恩斯坦（Bernstein，1955）让九年级的学生根据趣味性给几篇文章打分。一组九年级的学生被分配阅读被同龄人评为非常有趣的文章，或者被同龄人评为不那么有趣的文章。阅读非常有趣的文章的儿童，他们对所阅读的文章理解得更好，能够对一些有关这些文章的问题给出更有创造性的见解和回答，甚至他们比那些阅读不那么有趣的文章的儿童阅读得更快。雪莉和雷诺兹（Shirey & Reynolds，1988）发现，对大学生来说，他们阅读有趣的句子的速度比阅读无趣的句子的速度更快。同时，其他几项研究也证实了这个常识性的观点，即当某篇文章以某种方式激发了儿童的兴趣时，儿童就能更好地记住它，并能更全面地理解它。

两种兴趣

问题不在于好奇心对于教育过程是否重要，而在于什么样的好奇心，在什么条件下，能够强化学习？事实证明，回答这个问题比人们想象得要棘手。首先，我们知道儿童的好奇心有几种不同的形式。一些儿童（从这个意义上来说，成人也一样）具有一种普遍的好奇态度。他们很善于发现。我们每个人都会注意到，有些朋友或邻居总是想要了解更多的事情——谁走进了房间，径直走向了哪幅新画、哪件家具或哪个小饰物？听到一个故事之后，谁会问一连串的问题以获得更多的信息？这些人有着很高程度的发散性好奇心。具有强烈的发散性好奇心的人，在最理想的情况下，会显得充满好奇和兴趣。具有丰富的发散性好奇心的儿童也可能显得注意力涣散。在某些情况下，儿童（和成人）会利用好奇心扰乱别人，使别人难以集中注意力。但通常来说，很多儿童都是对于某一两件事情充满好奇心，但对于其他话题不太感兴趣。

两个具有同样好奇心的儿童，他们很可能不会对同一件事情感兴趣。约翰·科伊（John Coie，1974）用以下方式证明了这一点。他邀请一些一年级和三年级的学生，依次让他们参与以下四种情形的调查。在第一种情形下，每个儿童都被短暂地留在房间里一段时间，这个房间里有一个带有开关和曲轴的盒子，如果操作正确，灯就会亮起来或发出嗡嗡声。在第二种情形下，实验者向每个儿童展示如何将某些化学物质结合在一起从而使它们的颜色发生变化。然后，每个儿童都会被邀请摆弄这些材料，看看他们能否弄清楚变色效果是如何达成的。在第三种情形下，每个儿童都被要求在房间外面等几分钟，直到实验者准备好进行所谓的"下面的活动"。在这期间，实验者搭建好了两个鸽子笼，儿童只有走近时才能清楚地看到它们是什么。在第四种情形下，实验者准备一个可调节的斜面、一些杆子以及一些轮子。实验者还向儿童演示当斜面处于不同的坡度时，以及杆子以不同的方式连接在轮子上时，如何使轮子以不同的方式滚动。然后，实验者邀请儿童玩一玩这些材料，看看他们是否能更好地理解实验者的演示。在每一种情形下，研究人员都测量了儿童接近物体所用的时间、花费在物体上的时间以及他们所采取的探究行动范围。科伊发现，很少有儿童会在上述四种情形下都表现出同样的好奇心，或者以同样的精力进行探究。

大多数儿童似乎只对某些特定的事物感兴趣，这一事实对研究人员来说是一个障碍。如果一个儿童对鱼感兴趣，而另一个儿童对乐器感兴趣，那么研究人员如何选择能够吸引所有儿童兴趣的有效实验材料呢？在某种程度上，当几项使用不同材料的研究都指向相同的结果时，这个问题就被克服了。

但是，特殊性好奇心的问题给教育工作者带来了一系列不同的挑战。为了让儿童感到好奇，就必须让儿童接触他们感兴趣的话题和对象，或者发展他们感兴趣的话题和对象，但是又没有一组对象或话题是所有儿童都同样感兴趣的。儿童的兴趣差异很大，而且可能很古怪。回到教科书作者所说的"现实的""生动的"或"有意义的"数学问题上来。这些问题可能会暂时吸引儿童的注意力。但是，只有在儿童想要掌握、检查、操作以及谈论某个话题、问题或物体的时候，教育者才能鼓励儿童进行那种能够带来更多知识的持续性探索。这种做法对那些看起来充满普遍性好奇心的儿童来说是正确的，但对那些好奇心不是特别突出或强烈的儿童来说可能更加正确。

这意味着，教师需要注意学生对什么感兴趣。他们不能认为同样的话题或材料，无论是岩石、卡车、芭蕾，还是龙卷风或革命，都会引起所有学生的兴趣。有一类物体，无论出于什么原因，都能引起特定儿童的兴趣和注意。儿童对于这类物体投入得越多，他们就越有可能了解它。投入本身似乎赋予了它一些能够引发好奇心和学习的品质。但兴趣并不是只存在于旁观者的视野中。

虽然研究人员和教师必须面对这样一个事实，即在能够激发儿童兴趣或求知欲的事物之间存在着明显的个体差异性，但也有可能找出一些能够让大多数学生都感兴趣的物体或话题的共性。

以儿童的阅读为例，是什么让押韵或其他因素使阅读文本或多或少引起儿童的兴趣？我在前文所描述的研究已经表明，儿童可以从那些被认为有趣的文章中学到更多。在我所描述的那项研究中，评分者确定哪些文章是有趣的、哪些文章是无趣的（这两项研究都使用了与研究对象年龄相同的评分者）。对评分者来说，他们不难就哪些文章更有趣达成共识。这有助于支持我们的日常经验：虽然我们中有些人喜欢侦探小说，有些人喜欢历史传记，还有一些人喜欢游记类书籍，但是我们对于有趣的文字以及枯燥的文字的判断有着令人惊讶的共识程度。在某些体裁上，读者往往会被作者的写作方式吸引而蜂拥阅读这些书。然而，在课堂上，过分强调阅读的内容可能会忽视儿童对于写作风格的敏感性。

教师经常会努力简化阅读材料，以便使这些材料对学生而言变得简单，进而使学生能够关注这些阅读材料最主要的主题、信息或概念。回想 20 世纪五六十年代的《迪克和简》系列读物。这套系列读物的目的是清除所有无关的语言和细节，以使年幼的读者只关注辅音和元音的变化。或者准备一系列科学材料，以便儿童"做"实验（实际上并不能称之为实验，因为结果通常是已知的）。但在这些"假"实验中，教师通常只为儿童提供所需要的材料，同时往往会有一套非常清晰的程序或说明，意在指导儿童完成活动。在这两个例子中，或者更多的例子中，不言而喻的假设是，简化材料有助于儿童更好地学习。但实际上，同成人一样，儿童对于复杂的事物更感兴趣。鲁思·加纳和雷切尔·布朗（Ruth Garner & Rachel Brown）给青少年提供了一些阅读材料。从他们所使用的语言或结构来说，有些材料是直截了当的，也是相当清晰的——一些语言学家称之为"透明的"（transparent）语言。其他青少年的阅读材料则包含更多不透明的语言——在这些语言中读者可能会被一些单词的发音或意义，或者是组合单词的方式（如散文）分散注意力。不透明的段落也会包含一些模棱两可的信息、不太清楚的短语或者与所传达的故事或信息似乎不那么完全相关的细节。然后，研究人员会评估青少年从这些材料中学到了多少东西（Garner et al., 1992）。结果发现，相对于透明的材料来说，青少年更容易记住复杂的、不那么直截了当的材料。其中的原因不难发现。下面以查尔斯·达尔文所著的《物种起源》[1]（*The Origin of Species*，1859/2003）中的两段描述来加以说明。

大家普遍认为，所有的有机生物都是根据"类型的统一性"（Unity of Type）与"生存条件"（Conditions of Existence）这两大法则形成的。所谓"类型的统一性"，指的是结构上的根本一致性，就像我们在同种类的有机生物中所看到的那样，但这种统一性与它们的生活习性完全无关。在我看来，类型的统一性可以用谱系统一来解释。著名的古生物学者乔治·居维叶（Georges Cuvier）所坚持的生存条件说，也被包含在自

---

[1] 该书的中文简体版由译林出版社于 2016 年出版。——译者注

然选择法则（the principle of natural selection）中。自然选择法则的作用在于使每个生物的变异部分能在过去或者现在适应其所处的有机或无机的生存条件；在很多情况下，适应是由增加使用或不使用机体的某些部分完成的，不仅会受到外部生存条件的直接影响，而且要服从若干生长与变异法则。因此，事实上，生存条件法则是一种更高阶的法则，因为通过遗传先前的变异与适应，它将类型的统一性法则包含在内。

在第 6 章结尾的这一节里，作者简要叙述了自然选择的核心思想，将其与本书最后一个段落相比，二者传达出同样的主旨。

想象一片郁郁葱葱的河岸，岸边长着各种各样的植物，鸟儿在灌木丛中歌唱、各种昆虫飞来飞去，蠕虫在湿润的地面上爬行……再仔细一想，这些有机体在构造上如此不同，但有趣的是，它们又以某种复杂的方式相互依存，而所有这一切其实都遵从那些作用于我们周围的法则。从最广泛的意义来说，这些法则伴随着（生物）"繁殖"而"生长"；遗传几乎可以说是某种程度上的"复制"；变异产生于外部生存条件直接或间接的作用，以及某些机体部分的使用或不使用；使用频率的极大增加会导致"生存斗争"和"自然选择"，并造成"性状分化"以及进化较慢的物种的"灭绝"。因此，经历了自然界的战争、饥荒、死亡之后，我们得以见到最高级的生物，即高等动物出现了。造物主最初只是将生命的力量注入几个或者说单个的生物形式中，然而，随着这个星球按照固定的引力法则周而复始地运动，无数美丽而精彩的生物形式渐次出现，而且这些生物仍将处于不断的演化过程之中。由此可见，生命之恢弘壮观！

前一段描述很重要，也很有用——它为其他科学家提供了一幅具体而详细的理论蓝图。后一段描述则是惊人的，也令人难忘，它具有意想不到的热情和语言类型的整合。第二个例子将阐明这一点，具有讽刺意味的是，这个例子直接来自心理学的重要人物。1959年，伟大的认知心理学家乔治·米勒（George Miller，1956，p.81）在一份要经过同行严格评审的期刊上发表了一篇论文。在这篇论文中，他提出人类的记忆能够把事物分成 7±2 个组块。读过这篇论文的人，谁能忘记他文章的开场白呢？

我的问题在于我一直以来都被一个整数困扰。七年来，这个数字一直伴随着我，它侵入我最私人的研究数据中，而且出现在大多数公开杂志的版面上挑战我。这个数字有各种各样的伪装，有时比平时大一点，有时小一点，但从来没有变化到无法辨认。这个数字一直困扰着我，这种困扰远不止是一次偶然的事件所造成的。引用一位著名参议员的话来说，它背后有一种设计，有某种模式控制着它的外观。要么是这个数字真的有什么不寻常之处，要么就是我有被迫害的错觉。

可以将他的这段描述与近年来学生在一些备受推崇的教科书中所遇到的描述心理学（description psychology）进行比较。

工作记忆的容量极度有限。传统上，这种容量是通过一项记忆广度任务来衡量的。在这项任务中，人们会听到一系列刺激，而且必须在听完一遍后按顺序将它们复述出来。如果这些刺激是随机选择的字母或数字，那么成人可以不出错误地重复7个左右的字母或数字。如果序列较长，就可能出现错误。事实上，不仅仅是记忆广度，很多任务都显示出了7±2个刺激的极限，这使得心理学家将其称为"神奇的数字"。（Gleitman，Reisberg，& Gross，2007，p.236）

乔治·格莱特曼（George Gleitman）也是一位重要且具有影响力的经验主义心理学家，他精确而清晰地提出了与米勒类似的观点。但他的观点已经被清除了所有的隐含意义、浮华以及个人的声音，这些都使这个观点变得如此引人注目。我怀疑没有大学生会记得格莱特曼对于这一观点的演绎。但这些出自著名文章中的段落表明，引人注意的细节对我们所有人都很重要。

此外，书籍并非是学生发现这种微妙的、不透明的语言的唯一地方。物理环境或多或少也是密集的、复杂的。走在许多学校的走廊上，我们会注意墙上挂着的海报以及标志。大多数情况下，这些海报或标志都相当地直截了当。它们几乎不会以非常艺术的方式，或者浓厚的美学方式来展现，如果说它们是在传达某种信息，那么也是以相当直白的方式（如"酷小孩不吸毒"）。教室里的学习材料同样也被清除了复杂性。然而，当我们走进教室去寻找儿童在何时何地表现其好奇心时，我们注意到，儿童会驻足观察的少数几个地方往往是最有活力的地方，也是意想不到的事情以及非常规性的事情可能发生的地方——最常见的地方就是水族箱，如果教室中有水族箱，儿童会经常逛到水族箱附近（在有些教室，水族箱可能只是一个玻璃容器，里面装着几只蜘蛛）。他们会站在那里盯着看6分钟之久（对学龄儿童来说，能够忽略周围所有的混乱和噪声而安静地看某件东西长达6分钟，可以说是很长的一段时间了）。他们会追踪某条鱼（或者是某只蜘蛛）一段时间。但是，接下来他们会环顾四周。例如，看看珊瑚的后面，或者观察漂浮的海藻以及它们形状的改变等。没有数据可以告诉我们，究竟是什么使得水族箱如此令学生着迷。或许是因为，有生命的物体总是比无生命的物体更有趣吧。但也可能是因为，与教室中其他地方相比，水族箱这类生物可以栖息的地方可以发生更多常规以外的、富有变化的现象。

舒尔茨和博纳维茨（Schulz & Bonawitz, 2007）给幼儿呈现一个盒子，盒子里装着两只动物玩具。当盒子外面的杠杆被按下时，盒子就会从中间弹开。在第一种情况下，成人和儿童同时按下两个不同的杠杆，这样两个动物玩具就会同时从盒子顶部弹出来，以至于无法分辨哪个杠杆控制哪个动物玩具。在第二种情况下，大人和儿童先后按下他们的杠杆，这样就很容易分辨出哪个杠杆导致了哪个动物玩具弹出。玩过这个盒子之后，再将另一个颜色不同的盒子与这个盒子一起放在桌面上，让儿童自己玩。结果发现，如果儿童在玩第一个盒子时碰到的是模棱两可的情况（即两个人同时按下杠杆），他们就会更喜欢继续玩第一个盒子，即使是在实验者离开桌子之后。然而，如果他们在玩第一个盒子时碰到的是另外一种非模棱两可的情况（即成人与儿童先后按下杠杆），他们就会更喜欢玩新的盒子。这一研究结果表明，虽然儿童会注意新奇的事物，但是他们也会被复杂的事物吸引。当面对那些吸引人的事物所表现出的模糊性时（比如一个带杠杆的彩色盒子以及一个弹出来的动物玩具），他们更渴望弄清楚发生了什么，而不是遇到了什么新鲜的东西。换句话说，当儿童面对那些吸引他们的事物所表现出的模糊性和复杂性时，他们会倾向于进行深入探究。

环境心理学家罗杰·哈特（1979）在其有关儿童游乐场的文章中也曾提到过这一点。他认为，儿童需要自然的、复杂的和凌乱的游戏场所，而不是那些通常填满高度人工化的崭新设备的游乐场和休闲场所。事实上，一些研究也表明，当儿童接触自然环境中很多种类的事物和细节时，他们后续的学习（在一个较短的时期内）就能够得到加强（Kuo & Taylor, 2004; Taylor,

Kuo, & Sullivan, 2002)。它说明了更加复杂的、不受控制的环境是如何激发儿童的好奇心,从而引发他们学习的。

不透明性的另一个来源是主题本身。劳里和约翰逊(Lowry & Johnson, 1981)让几个由四年级学生组成的学习小组通过共同学习一些材料的方式来学习一个社会研究主题。在第一种情况下,其中一个小组的学生被鼓励利用这些材料尽可能多地了解有关这个主题的知识。在第二种情况下,一个小组的学生被鼓励专注于这个主题中一个有争议性的话题。经过几天的学习之后,研究者对儿童有关该领域的知识进行测评。结果发现,那些专注于材料中有争议的方面的儿童比那些只是被鼓励互相帮助学习的儿童记住的东西要多得多。也许同样重要的是,处于争议状态的儿童更有可能放弃休息时间去观看有关这个主题的电影,从而继续获取信息。在施蒂格勒和史蒂文森(Stigler & Stevenson, 1991, p.12)共同撰写的一篇题为《亚洲教师如何将每一堂课都打磨到完美》(How Asian Teachers Polish Each Lesson to Perfection)的论文中,可以找到对这一原则的精彩证明。这两位作者描述了一堂课作为例子:一位老师拿着一个装得满满的且叮当作响的大纸袋走进教室。带着一个大纸袋进入教室是非常不寻常的,当老师把袋子放在桌子上时,全班学生都全神贯注地看着她。袋子里是什么?老师开始从袋子里取出物品,并将它们一个接一个地放在桌子上。她先取出一只带柄的陶器罐和一只花瓶,后面的啤酒瓶则引发了学生们的笑声和惊喜声。很快,她在桌子上摆出了6件物品。学生们继续目不转睛地看着,当他们试图理解这次展示的目的时,他们面面相觑。这两位作者用这个故事来描述他们在对日本教室进行观察时发现的一种模式——教师运用神秘感和不确定性来组织课堂。对于一个可能并非所有儿童都感兴趣的话题,可以在材料中加入各种不确定性,以一种激发好奇心的方式来引导儿童更好地学习。根据我和学生在课堂上所做的好奇心观察，我们注意到了另一个能始终激发儿童好奇心的话题——认知层面上的新奇事物。

我们在观察中发现，小学生在学校所问的大多数问题都与程序（例如，"拉姆齐女士，我要把试卷放在您桌上吗？""午饭后我能出去踢足球吗？""如果我们不想打排球，我们可以做什么？"）或者社交（例如，"昨天晚上你去跳舞了吗？""你去吃午饭还是去操场？""迈尔斯打了怀特的肚子吗？"）有关。他们所问的问题大多数是为了寻求有关物体和事件的新信息，而且这些物体和事件是他们在日常生活中无法直接接触到的——新奇的事物。举例来说，下面是一位老师和两名学生之间的一段对话，他们正在和另外17名学生围坐在一起上社会研究课。在课上，老师一直在给他们读关于早期人类穿越白令海峡的故事。

老师刚刚放下她大声朗读的那本关于长途旅行的书。

儿童1：什么？那是什么东西？海峡？他们做了什么？

老师：你是说白令海峡吗？那是一块将亚洲和北美洲连接起来的巨大的陆地。

儿童1：但是书上是怎么，它是怎么说的，它说人们从那里穿过？

儿童2：是的，书里说早期的人类穿过那个东西，白令陆桥，去了美国。

儿童1：但是他们冷吗？

老师：我不知道。可能会冷吧。你们觉得呢？

儿童2：他们确实很冷。你看到那张照片了吗？他们几乎是裸体的。

儿童1：我想知道他们吃什么。他们吃的东西和我们吃的一样吗？

引发一系列问题的往往是儿童熟悉范围之外的东西——陌生的地方、历史上遥远的时代。例如，在上述对话中，问题就是从一片不为他们所知的地理区域——白令海峡开始的。很明显，对话中的小男孩想知道的不仅仅是"白令海峡"这个名称指的是什么，还想知道这个闻所未闻的地方是什么样子的，以及对那些穿过它的人来说是什么感觉。为了满足好奇心，他和其他儿童必须进行猜测，他们不仅要想象在书中听到的内容，还要想象自己所问的问题的答案。他们对于"知道"和"想知道"等词汇的使用就是心理活动带来某种满足感的证据。

在我们对于餐桌对话的研究中，我和劳拉·科罗娜发现了类似的证据。这些证据表明，儿童会对他们看不到、摸不着或直接体验不到的事情感到好奇，就像他们会对周围正在发生的事情感到好奇一样。

以下面的一段摘录为例，这段对话中的4岁男孩感兴趣于一个词的意思。

父亲：一时心血来潮，我买了做米花糖的食材。

儿童：什么是心血来潮？

母亲：心血来潮？它的意思是，呃，它的意思是没有事先计划，仅仅是因为在那一刻自己觉得很喜欢。

父亲：这就是为什么我在商店看到一包迷你棉花糖时会想，"嗯，下雪天做米花糖应该是一项不错的活动"。

当我采访成人，让他们描述自己在孩童时期强烈的好奇心和探索记忆时，典型的回答包括："二楼被上了锁的壁橱。""虽然被告知不可以，但我们还是爬上了阁楼。""我们家外面有一棵大树，我父亲告诉我树枝太高、太细了，我不能爬。"换句话说，神秘的地方以及被禁止去的地方反而吸引着儿童，诱使他们想要更多地了解这块"禁地"。当人们回忆起自己青少年时期充满好奇心的经历时，他们会提到想要更多地了解那些笼罩着神秘感的故事（祖父任性的青春时光、一场秘密婚姻、一种精神疾病），或者是成人（老师或父母）想要避开的话题——政治、金钱[为《纽约时报》撰写金融方面文章的罗恩·利伯（Ron Lieber）曾说，当他还是个孩子时，他渴望打开父母装文件的抽屉，看看旧的纳税报告]，或者是那些在所有时代都能激发起人们最大好奇心火花的话题，例如性。换句话说，一个话题越是充满未知和不熟悉，而且它所呈现的细节越是密集，就越能吸引儿童学习。

还有一种形式的认知复杂性能够激发儿童的好奇心，而且它在小学生的生活中已经随处可见，那就是故事。

> 我母亲允许我熬夜读完的第一本书是关于圣女贞德的故事。我对这本书爱不释手。那天晚上的我或许变身为一位历史学家。那个时候，我正在上三年级，我们住在日本的一个美国空军基地。我的老师是斯维津克斯女士，她有一头引人注目的红发，梳着法式的发髻。我不记得这本书是她指定我阅读的，还是我在图书馆里自己挑选的，但不管怎样，这本书开启了我对书籍的热爱。（Wong，2013）

几乎从儿童会说话那一刻起，他们就开始关注故事——倾听别人讲故事，努力自己讲故事。研究已经表明，叙述的冲动十分普遍。这种看似与生俱来的能力一部分是一种序列感，但很快就变成一种情节感。学步儿在和父母共同建构过去的经验时，通常会热切而认真地观察父母，期待下次自己也能分享故事。如果成人没有按照正确的顺序安排故事，或者故事没有以应有的方式发展，学步儿就会感到沮丧（Engel，1995）。你如果仔细观察学龄前儿童听故事时的状态，就会发现，他们在聚精会神地听故事的时候身体向前倾，看起来非常渴望听到接下来会发生什么。当儿童之间互相讲故事时，他们对于情节的重要性同样敏感。杰罗姆·布鲁纳（Jerome Bruner，1966）认为，儿童在很小的时候就能很容易地理解故事的重要组成部分。而在这些组成部分中最主要的是问题（故事的高潮）及其解决方案。到了3岁的时候，儿童能够适应故事中的不确定性。在最初的几年里，无论是在父母的帮助下讲述自己的生活故事，还是给其他儿童讲故事，他们都会自然而然地设置悬念。当他们的故事不能引起别人的注意时，他们往往会回头修改，以增加故事的戏剧性和不确定性。这就证明，儿童不仅对自己听到的故事接下来会发生什么感到好奇，还会通过使别人想知道他们所讲的故事接下来会发生什么来激发好奇心。

悬念是故事中最容易理解也是最十拿九稳的一种不确定形式。当一个好的故事讲到一半时，没有一个儿童不想听故事的结局。老师们经常说，故事时间是一天当中所有儿童都很容易集中注意力、全神贯注地听老师说话的时候。有人可能会说，就像基兰·伊根（Kieran Egan）所说的那样，故事是教育的核心工具，原因就在于此。故事的这种影响很大程度上取决于读者的不确定性。正是这种不确定性促使我们不断翻开新的一页。在读完一本书或一个故事后，大多数读者都渴望获得一种感觉，那就是他们的不确定性已经得到解决，尽管这种感觉可能是暂时的。

但是科学有它自己的叙述形式。从定义上来看，每个实验都会提出一个问题，而且人们希望这个问题的答案是未知的。科学上的悬念，以其最生动的形式，存在于科学家查看研究数据前的那一刻。早在学生参与非正式的结构化实验之前，他们就有机会观察或参与非正式的科学悬念中。

作为一位年轻的父亲，西格蒙德·弗洛伊德（Sigmund Freud）喜欢为家人计划一些小惊喜。有一次，当他们在家附近的草地上寻找蘑菇时，他将帽子扔在一个特别令人惊叹的蘑菇上，这样当孩子们发现后就会感到吃惊。他了解学习的这个基本原理——我们都想发现盒子里面、视线之外或者窗帘后面有什么东西。幸运的是，一个人不需要是天才，或者是训练有素的学者，就可以在儿童的日常经验中创造出一些小的实验悬念。对一些人来说，这是自然而然的。

下面是一个4岁的男孩和祖母之间的对话，他们正沿着树林里的一条小路往家走。这个男孩捡起一片叶子并认真地看着。然后，他注意到一只小虫子正沿着小路匆忙爬行，便问祖母虫子是否会吃叶子。她本可以回答这个问题，因为她是一位知识渊博的自然学家，这个问题可以说正是她所熟悉的领域。但是她没有回答，只是说："让我们看一看。你何不把叶子放在虫子的旁边？让我们在这里等等看会发生什么。""让我们看看如果／当……"这句话是每个科学实验都有的悬念。有些儿童生活在可以听到很多词汇、描述、问题以及长时间对话的家庭中，而有些儿童生活在没有任何语言特征的家庭中。同样地，有些儿童所在的家庭会将科学悬念于不经意间融入儿童的许多经验之中，而其他儿童所在的家庭不会这样。

当开始对我们在学校里所做的儿童观察进行编码时，我和学生们都希望对儿童所提出的所有问题进行统计和编码。但在早期，我们偶然发现了一个意想不到的问题。在相当多的观察片段中，儿童似乎都在大声地表达好奇心，但实际上却没有形成一个问题。我们很快意识到，几乎所有这些话语都是这样或那样的推测。

"我敢打赌，如果我按下那个按钮，时钟就会停止工作。"

"我想知道，夜晚的月亮是否更冷？"

"我想，如果我们把两个创可贴贴在一起，它们就会粘在一起。"

在这些例子中，孩子们似乎是在验证一种假设，但也只是假设而已。他们中没有人能对这些推测采取行动，他们似乎也不指望马上能有人回答他们的问题。相反，这些问题只是隐含在儿童和科学家所开展的调查的"如果/当……会发生什么"的心理版本中。

在每一间教室里，都有一个潜在的好奇心来源——同龄人。根据我们早期的发现，八九岁的儿童在群体中更有可能接近"好奇心盒子"。在我看来，随着儿童年龄的增长，同龄人在好奇心发展中扮演越来越重要的角色。对发展心理学家来说，这一点都不奇怪。研究已经一再表明，发生在儿童之间的想法和发生在儿童内部的想法一样多。从列夫·维果茨基（Lev Vygotsky）的研究开始，我们就已经发现，一个儿童会对另一个儿童的问题解决水平产生深远的影响。维果茨基的经典表述说明，一个更有能力的或发展水平更高的同龄人的帮助，不仅能够提升儿童在特定活动中的表现，还能预测未来在没有帮助的情况下该儿童能够达到的认知水平（Vygotsky，1978）。他的研究集中在一个更有能力的同龄人如何巧妙地引导一个年幼的儿童使用更先进的认知策略来解决问题。后续的研究也表明，儿童经常会扮演非正式的教师角色，并在各种各样的活动和环境中构建彼此的策略、技能和思维方式。同龄人之间会以各种方式相互影响。我们知道，同龄人的存在会使青少年比独自一人时更冲动地行动，进而改变他们对于物体和人的判断，还会使他们在其他人需要帮助时提供帮助。近年来的研究证据也表明，知识会在同龄人群体中横向传播。在一项有趣的实验中，怀腾和弗林（Whiten & Flynn, 2010）教给学龄前儿童使用工具操作杠杆的两种方法中的一种，通过操作杠杆可以使小玩具从盒子里掉到滑槽里以及儿童的手里。在教一名儿童怎么做之后,实验者把这个盒子放在一间有另外 22 名儿童的游戏室里 5 天。然后,实验者追踪有多少名儿童通过观察目标儿童或接受目标儿童的指导而学会操作杠杆的方法。他们还观察每个儿童是如何把自己学到的技巧教给小组中的其他人的。结果发现,儿童很乐意也很有效地与他人分享知识。

总之,儿童之间会在认知和社会性等各个方面对彼此产生强大的影响。因此,有充分的理由相信,当涉及探究时,同龄人很重要。但有多重要呢?

为了更多地了解同龄人的作用,我和我的学生丹尼尔·西尔弗(Daniel Silver)开展了一项研究,我们称之为"教室里好奇的乔治"(Curious George in the classroom)。我们的基本问题是好奇心是否会在儿童之间"传染"。我们根据杰米·吉鲁特和戴维·克莱尔(Jamie Jirout & David Klahr)所开发的范式设计了一个实验,叫作"鱼的任务"(Fish Task, 2012)。在这个活动中,儿童玩一种计算机游戏,他们会被告知自己在一艘潜艇里,透过窗户可以看到鱼。然后,他们被要求选择一群鱼,其中一条鱼会从窗边游过。儿童可以选择一小群鱼,这样会减少他们对于真正游过来的鱼的惊讶程度,或者选择一大群鱼,这会增加他们的不确定性(他们可能会对真正游过来的鱼感到惊讶),或者他们还可以不选择任何一群鱼——换句话说,这就是完全的不确定性。这种方法是基于克莱尔和吉鲁特的观点提出的,他们认为,一个人所能接受的不确定性程度是评估这个人好奇心水平的最精确也最令人满意的一种方法。

但对我们来说,这种方法只是达到目的的一种手段。我们真正的目的是弄清楚儿童是否能够影响彼此之间对于不确定性的偏好。一旦所有四年级学生都参加了这个游戏,我们就能获得一个测量每个儿童好奇心水平的基线。那些一直选择小鱼群的儿童被认为是"低好奇心的",而那些一直选择大鱼群的儿童被认为是"高好奇心的"。几周之后，我们回到学校进行第二阶段的研究，这次我们将低好奇心水平的儿童与高好奇心水平的儿童进行一一配对。然后，我们将每一对儿童带进房间里开展一些新的活动。其中一项活动是观看由大卫·爱登堡（David Attenborough）所拍摄的有关海洋的电影《地球脉动》（Planet Earth）中的一个片段。我们鼓励儿童对电影进行讨论并提出一些问题。然后，在儿童"等待"下一个活动环节时，我们给他们一些时间玩复杂而陌生的小玩意儿，目的是给高好奇心水平的儿童一个机会去影响低好奇心水平的儿童，我们推测这种影响如果发生，就一定是发生在鼓励探索的活动背景之下。经过一系列简短的联合活动之后，我们又使用"鱼的任务"对每个儿童进行第二次评估。我们的预感，即更好奇的儿童会"感染"不那么好奇的儿童，但评估结果显示这一猜测只是部分正确。事实上，那些在第一次评估中得分较低的儿童在与一个非常具有好奇心的儿童互动之后，确实变得更加好奇了。但是，与另一个没什么好奇心的儿童搭档的无好奇心的儿童，也变得更加好奇了（为了把具有高好奇心水平的同伴的影响与其他同伴的影响区别开，我们做了这件事情）。有趣的是，对那些最初被评估为中度好奇心水平的儿童来说，情况并非如此。在与其他儿童互动之后，这些儿童的分数并没有提升。我们的解释是，儿童之间确实会影响彼此的好奇心。但是，那些好奇心水平非常高的儿童并不能让那些没什么好奇心的儿童产生对于不确定性的兴趣。相反，社会参与以及好奇心的外在体现（例如，通过相互提问、相互刺激来测试玩具或修理物品）则会激发那些好奇心似乎处于休眠状态的儿童的好奇心。儿童个人的好奇心水平越低，通过与其他儿童的互动，其好奇心水平就越有可能被提升。

总而言之，从很小的时候起，就有一些儿童比另外一些儿童更有好奇心。但是从一个环境到另一个环境也会有很大的波动。一个通常来说不敢打开东西或问问题的儿童可能会被吸引投入对事物的探究中，而一个通常来说充满好奇心的儿童有可能会被压制导致智力方面的倦怠。能够激发好奇心的事物特征并不神秘。成人使用语言和面部表情所做出的鼓励；接触意想不到的、不透明的、复杂的材料和话题；有机会与别人进行交流以及大量的悬念……这些都被证明是激发好奇心的强有力因素。

第 7 章

八 卦

我经常在祖母的厨房里过周末。在我感到无聊或饥饿的时候，我常常溜进她的厨房。我会吃纸杯蛋糕，或者她会给我做淋上汽水的果子露。当我特别饿的时候，她还会给我加热一些意大利面。但在那些漫长而乏味的午后时光里，我最喜欢做的事是听祖母和她最好的朋友——我们叫她路易丝阿姨通电话，她与我们不是亲戚。电话铃一响，祖母就会将一把塑料椅拉到装有电话的那面墙旁边。她拿起电话听筒，用一种近似于南方口音的腔调慢吞吞地说："你——好——"她会告诉我是谁打电话给她，然后坐回到椅子上，开始和路易丝阿姨讨论远的、近的、熟悉的、不熟悉的每一个人。有时候，路易丝会喋喋不休地说很久，这时祖母就会把电话听筒挂在长长的电话线上，慢吞吞地走到冰箱前拿些苏打水或饼干出来，再慢慢地走回到那把塑料椅子上坐下，然后拿起电话听筒说："嗯嗯。"就好像她一直在听一样。很明显，无论路易丝传递什么信息，祖母都不会因为这种暂时性的离开而遗漏多少。大概聊了 1 小时之后，祖母会和路易丝阿姨道别，挂断电话，并告诉我她们所聊的重点。那些漫长午后的"偷听"开启了信息来源的一个重要窗口：八卦。

最常见的好奇心

当我和我的学生在幼儿园和五年级的教室中观察儿童的时候，除了计算"好奇心"出现的次数之外，我们还会对儿童提出的问题进行盘点。我们听到了有关行星、外国、天气情况、血腥战争、虫子以及地震等各方面的问题。而且他们还问了很多有关彼此的问题，比如谁在午餐时间去买牛奶、谁要参加乐队选拔、谁昨天晚上吐了以及谁被邀请参加中学的舞会等。在一些教室里，儿童相互问的问题比其他任何问题都要多。在任意2小时的观察里，幼儿园小朋友平均问了6.68个关于朋友的问题，而五年级的学生平均问了不到2个有关彼此的问题。而且，各个班级之间也有很大的差异——一个幼儿园班级的小朋友们在我们2小时的观察里问了将近11个社会性问题，然而另一个幼儿园班级的小朋友们在特定的观察时段仅问了2.4个社会性问题。同样地，一组五年级学生彼此间几乎不问任何问题，而另外一组五年级学生在每次的观察时段都会问将近4个问题。我们谨慎地对这些数据进行解释，因为显然，儿童只能在老师允许的范围内表达对于彼此的兴趣。换句话说，只有在环境允许的情况下，儿童才会闲聊。但是，经过近100小时的观察，我们确信，忽视儿童对于彼此生活的好奇心是错误的。

几乎每一个人——即使是那些对植物不感兴趣的人、对政府不感兴趣的人、对远方的人们的生活似乎完全不感兴趣的人——都想了解邻居家发生了什么事情。大多数人都对邻居非常好奇，这似乎是一种超越教育水平、智力水平，或者社会环境的好奇心。在一篇关于使用八卦来获得信息的精彩文章中，玛丽安·阿伊姆（Maryann Ayim，1994，p.87）将她所说的"调查性八卦"（investigative gossip，如通过谈话来了解邻居在做什么）与查尔斯·桑德斯·皮尔斯（Charles Sanders Pierce）对于科学的描述，即"渴望发现事情的真相"，进行了比较。研究表明，人们在交谈时有65%～90%的时间都在八卦（Dunbar，Marriott，& Duncan，1977；Emler，1944）。对此，有一些作家说得很好："人们对于八卦的兴趣可以与他们对于食物和性的兴趣相媲美"（Wilson et al.，2000，p.347）。

虽然八卦比感冒还常见，但大多数人都不愿意承认自己做了这件事——他们对这件事怀有罪恶感。长期以来，心理学家和社会学家也把它妖魔化了——认为人们说其他人的坏话仅仅是为了降低他人在同龄人眼中的价值，并从中获得一些东西。

但是，有大量间接证据表明，分享关于第三方的信息对群体生活至关重要。F. C. 巴特利特（F. C. Bartlettt，2003）在其有关记忆的经典研究中指出，当人们在群体中传递故事时，这个故事在每一次的复述中都会被稍加修改。而当一个故事在一群朋友中传递时，这个故事的变化方式就能够反映出该群体的偏见、行为准则以及世界观。他的主要观点是，记忆是一个社会过程。但是他有关这一观点的数据和理论需要建立在一个同样基本的理念之上，即传递彼此的故事是群体生活的核心。每个人随时随地都在这样做，在公共汽车站、在饮水机旁边、在杂货店排队的队伍中、在小联盟比赛中，当然，还在互联网上。八卦，作为一种社会黏合剂，是我们最古老的成就之一。罗宾·邓巴（Robyn Dunbar）认为，自人类进化出语言开始，八卦就取代了梳洗成为人们之间彼此联系的一种方式（Baumeister，Zhang，& Vohs，2004；Dubar & Dunbar，1998）。

虽然心理学家通常认为八卦的动机是模糊的，但事实上，我们的八卦也是有目的的。比安卡·比尔斯马和赫尔本·范·克利夫（Bianca Beersma & Gerben Van Kleef，2012）询问了人们为什么会加入各种各样的八卦之中。他们的回答揭示了八卦的四个动机：对别人施加负面影响；调节社会规范；获得社交愉悦；提供团体保护。但是他们提出的这四个动机留下了一个重要的问题，那就是为什么听别人的故事，即使这些故事完全是善意的，也会让我们感觉这么快乐？毫无疑问，一些快乐来自幸灾乐祸，正如很多小说给人们提供了一个可以与自己的处境进行愉悦比较的机会，同时也会给人们提供一个发泄坏情绪而不必承担任何后果的机会（Bruner，1986，1990；Engel，1995）。但是传播你所认识的人的故事，也满足了一种更普遍的（更有效的）需求，即维持且丰富对他人的理解。在罗伊·鲍迈斯特（Roy Baumeister）及其同事在2004年所发表的《作为文化学习的八卦》（Gossip as Cultural Learning）这篇论文中，他们举例说明了人们是如何利用八卦来学习文化规则的。鲍迈斯特（2006）指出，人们喜欢相互说坏话的这种倾向就支持了这一观点。换句话说，人们倾向于传递负面故事这一观点证明八卦在很大程度上是一种具有攻击性的工具，与此观点相反，鲍迈斯特认为，人们互相讲负面故事是为了提醒朋友不应该做什么。这一观点提供了一个有趣的暗示，即八卦与好奇心之间的联系。在鲍迈斯特的观点中，负面的逸事（例如，因在街上跑来跑去而受伤的儿童，在不知不觉中相信了电话推销员的老人，以及愚蠢地企图欺骗自己丈夫的邻居）有助于交流社会规则。但是，他认为，这些都要基于这样一个事实，即人们更关注坏的事情以及违反规范的事情，而不是好的事情。正如，当某人遇到了意想不到的事情时，他的好奇心就会被激发出来，八卦可能会提供一些"意想不到的"信息——违反规范的行为可能给人们带来文化上的教训，但它们也是通过激发人们的好奇心来实现的。相反，八卦比色情更能满足人们的好奇心，它可以以最意想不到的方式拓展人们的知识。

1906年4月18日，当大地震袭击美国旧金山时，刚好是凌晨5点钟，此时人们正在睡觉、煮咖啡、运输蔬菜，以及忙于其他准备工作。地震发生时，有些人从床上被甩了下来，有些人被撞倒在地，还有些人被困在桥上。当时很多人住的房子并不怎么坚固，所以在灾难面前显得不堪一击，虽然地震只持续了几秒钟。在斯坦福大学任教的威廉·詹姆斯醒来后感觉"床在摇晃"。他后来回忆时总会带有一种强烈的激动和狂喜，因为那个时候的他正置身于某种灾难性的、巨大的、无法控制的事情当中。在检查他的妻子艾丽斯的情况之后，他很快就开始参与其中。他马上来到旧金山市中心，观察并了解人们在做什么。在第二天快结束的时候，他在日记中完整地写道："整天都在谈论地震"（Richardson，2007）。鉴于他作为哲学家的地位，实际上他还一手创立了对于心理经验的研究，并预测了现代心理学研究的几乎所有重要的领域，因此他采取与他人交谈这种方式来理解地震这一非人为的自然事件，也就不足为奇了。因为他比大多数人都清楚，人们对于这一事件的讨论，以及他们彼此之间的讨论，将引人入胜且信息丰富。他通过这种八卦的方式来满足自己无尽的好奇心。

八卦初露端倪

八卦源于我们对他人生活的基本好奇心。这种好奇心起于何时呢？从我5岁开始一直到我离开家上大学，在这段慵懒的时光里，我经常在无意中听到祖母和路易丝阿姨之间的八卦。但事实上，就像其他地方的儿童一样，我早就开始了解八卦了。儿童第一次听到别人议论他人应该是在他们坐儿童高脚座椅的年龄。

作为纽约的一名研究生，我用两年记录了学步儿和他们的母亲吃早餐的情况。那时候，我正在进行一项研究，目的是了解儿童如何在与母亲的日常对话中学会第一个单词。我本以为会听到很多关于麦片、家里的狗狗、果汁杯以及厨房里发生的事情的谈论。但令我吃惊的是，他们所有的谈论都是围绕当时当地发生的事情。与此同时，其他学者也把注意力集中在对杰奎琳·萨克斯（1983）所说的"谈论当时当地"的研究上。研究者们开始意识到，学步儿不仅学会使用语言来命名和叙述当时正在发生的事情，而且学会用语言来叙述已经发生的事情。

我所记录的早餐事件的对话表明,有些父母给孩子讲了很多关于别人的故事(谁做了什么,在哪里以及什么时候),而有些父母很少讲这些,他们喜欢讲当前正在发生的事情,或者是过去的但却不是别人的故事。那些讲述别人故事的母亲通常会做出非常简单而生动的描述,还会自然而然地加上一些精心的构思来吸引幼儿的注意力:还记得上周我们和罗茜一起去公园的时候,她吃了五块布朗尼蛋糕吗?后续研究表明,那些母亲喜欢追忆的儿童,他们的成长方式与那些母亲不喜欢追忆的儿童略有不同。他们自己会讲述更多的个人故事,而且所讲的故事细节也更加丰富(Engel,1995;Miller et al.,1990;Dunn,1988)。

有关这方面的大多数研究都考察了两条交织在一起的发展路线:儿童是如何学习讲故事的,以及他们是如何学习记住自己的生活的——乌尔里克·奈瑟尔(1988)称之为"自我延伸"的一部分。大多数研究的焦点在于,儿童从讲故事中学到了什么以及他们从自己身上学到了什么。但从这些数据中还可以看出一些其他的东西。虽然对大多数学步儿来说,他们所参与的故事都是与他们自身的经历相关的,有一般的经历,也有一些特殊的经历(如去公园、膝盖擦伤、亲戚来访、橙汁洒了、火警警报,还有早餐时间、洗澡时间以及睡觉时间),但是在这一过程中,他们会在无意中听到许多其他的故事。有些故事他们可能会积极参与其中,有些故事他们可能只是安静地倾听。而他们无意中听到的成人所讲的故事大多都是关于其他人的。

躺在祖母厨房里的椅子上,我了解了很多有关邻居的事情——犯罪、纠纷、富有和贫穷、不幸、性以及女人之间的秘密交谈。我也不是唯一一个从"偷听"中受益的孩子。人类学家雪莉·布赖斯-希思(1983)对南方两个社区——路德维尔(Roadville)和特拉克顿(Trackton)——的人们的说话方式进行了一项经典研究，她采访那里的母亲、父亲、儿童和店主。她在他们家里闲逛并记录他们每天的谈话。仔细分析这些谈话会发现，儿童在无意中听到并吸收了很多成人所说的话，即使他们没有直接参与这些谈话。特拉克顿是一个黑人工人阶级社区，这个社区的儿童了解到故事应该是引人入胜的；而附近的白人工人阶级社区路德维尔的儿童了解到故事应该被用于传递道德准则。每个社区不仅传承了有关为什么讲故事的不同想法，还向其最年轻的成员传授了一套关于如何讲故事的隐性指导方针。

在人生最初的四年里，当说到八卦的时候，儿童只是父母相互交流时的旁观者。从布赖斯-希思以及其他研究者那里可以了解到，在许多社区里，儿童频繁地了解那些并非直接说给他们的话语。成人之间的谈话会影响儿童说话和思考的方式。例如，马达加斯加的成人认为小孩子还没有准备好了解鬼和幽灵，因此他们会在儿童出去玩耍时讨论这些事情。然而，研究表明，儿童确实会听到这些对话，而且会受到影响——他们对于来世的信念反映了他们在无意中听到的那些讨论（Astuti，2011）。当然，在美国，大多数儿童都会听到很多并非说给他们听的对话，如父母之间的对话、哥哥姐姐与朋友之间的对话、老师之间的对话以及邻居之间交流信息的对话等。鉴于八卦的普遍存在性，我们有理由认为，很多儿童是能够接触许多故事的——哪个孩子有麻烦、哪对父母要离婚、谁丢了工作、谁私奔了以及谁莫名其妙地变得富有了，等等。

二手知识的价值

近来，研究人员开始记录儿童通过听成人的对话来了解看不见的和不可见的东西的方式（Harris，2012）。这方面的研究强调，学龄前儿童能够通过无意中听到成人所说的话来了解诸如细菌、上帝、牙仙和死亡之类的事物。但若将这些与鲍迈斯特的观点相结合就不难发现，儿童还能通过他们所听到的故事来了解社会规范和个人道德中一些不可见的、未知的世界。这些故事有一些是直接讲给儿童听的，但有一些不是。很多年以前，我和我的学生卢克·海德（Luke Hyde）请4岁和7岁的儿童给我们讲他们家庭成员的故事。除了其他一些话题之外，我们还请儿童向我们讲述他们的父母是如何相遇的以及祖父母的一些故事。特别是，我们想了解儿童是否知道一些他们不可能亲眼看到的故事——二手信息。而事实上，我们采访的所有儿童都至少会知道一个在他们出生之前，发生在父母身上的故事（或者在一些情况下，发生在比他们大得多的兄弟姐妹身上的故事）。换句话说，他们曾经听说过、注意过并且记住了有关亲人的故事，而这些故事给了他们重要的信息。从这些数据可以清楚地看出，儿童确实会注意并记住一些有关其他人生活的二手信息。

到了儿童4岁左右的时候，他们不仅会听到父母谈论别人，自己也会开始八卦。社会学家盖瑞·法恩（Gary Fine，1977）已经证明，4岁的儿童就已经开始谈论彼此，而且他们这么做的目的很广泛——为了评价其他儿童、戏弄别人，或者是作为了解世界的一种方式。他发现，不同于成人，儿童对于八卦相当的实事求是，同时也很"厚颜无耻"，他们经常当着别人的面公然和朋友谈论人家的八卦。他描述儿童是如何练习说八卦的，他声称，儿童会在不同的朋友面前反复地讲某个故事，以便能够以正确的方式讲这个故事。在《社会理解的开端》（*The Beginnings of Social Understanding*）中，朱迪·邓恩（Judy Dunn，1988）对学龄前儿童的叙述方式进行了记录。她认为，与学步儿时期相比，3岁时的儿童会讲更多关于他人的故事。而且她认为，这一现象反映出学龄前儿童对于其他人越来越感兴趣。

在一项有关八卦的有趣研究中，丹妮拉·奥尼尔（Daniela O'Neill）及其同事在连续 20 周里，用磁带记录 25 个学龄前儿童在零食时间的对话。结果发现，在儿童相互发起的对话中，超过 77% 的对话提到了他人，还有将近 30% 的对话提到了人们的精神状态。换句话说，这些儿童强烈地倾向于谈论其他人以及他们的想法和感受——很明显这是即将成为"八卦者"的迹象（O'Neill，Main，& Ziemski，2009）。佩姬·米勒（Peggy Miller）的研究也表明，到了 5 岁的时候，儿童的故事中所包含的信息不再仅仅是关于他们自己的，还有更多是关于他们与别人的关系的。在一项最具创造性的儿童叙述研究中，艾莉森·普里斯（Alison Preece，1987）在长达 18 个月里，用磁带记录三个儿童每天上下学时间在车上的对话。最终，她从这些对话中总结出 16 种不同的叙述形式，其中包括两种强调他人的叙述形式，即"间接经验"和"八卦"。这两种形式占到叙述总数的 25%。有关间接经验的奇闻逸事往往倾向于描述一些不寻常的、出格的或不幸的事件。随着这三个儿童年龄的逐渐增长，他们会讲述越来越多这样的奇闻逸事。

2001 年，我和我的学生艾丽斯·李（Alice Li）想弄清楚儿童对于彼此的了解情况。艾丽斯让儿童给她讲讲他们的一个好朋友的故事。这些儿童很了解他们的朋友，他们似乎携带有关朋友的三种知识：不受时间影响的永恒的知识（她的朋友有三个兄弟），常规性知识（她总是在榆树街与学校街的拐角处乘公交车），以及不寻常的经历（他在和他爸爸去露营时鼻子流血了）。年龄比较大的儿童所讲的故事更长，包括更多的描述和评价，还更加关注朋友的内心世界。年龄较小的儿童大多会讲述他们亲身参与过的事情，而年龄较大的儿童会讲更多从朋友那里听到的故事以及从别人那里听到的有关朋友的故事，而且会越来越多。换句话说，八卦逐渐成为他们了解他人的一种更为重要的工具。看看真实的研究报告就会发现，儿童对于彼此的习惯、经历以及怪癖等都非常感兴趣。例如，一个 10 岁的男孩在谈他的朋友 D 时说："D 喜欢读书，所以我们都叫他书虫。比如说，他会在 G 女士上课的时候削铅笔，他不应该这样，但他还是会在桌子上削。有时候，在不应该读书的时候，他也会把书放在腿上并不时地往下看。在吃零食的时候，他只会拿一个小柑橘吃。他甚至会毫不在乎地边吃边看。拿起一个小柑橘站在桌子旁，按住书就开始看。"（Engel & Li，2004）

八卦成为一种社交工具

到儿童 6 岁左右的时候，有关他人生活的故事具有了全新的意义和力量。他们超越家庭圈子，进入一个由与他们年龄相仿的朋友、盟友和敌人所组成的世界。而且他们发现，所有有关这些同龄人的信息就像金钱一样重要。随着"友谊政治"占据中心地位，获取和提供有关他人的信息成为一种新的强有力的社交工具。

即使是幼儿园的儿童，他们也意识到自己喜欢和谁玩，不喜欢和谁玩。从一开始对"和谁一起玩比较开心""谁对我比较好"的评价中，其实就包含对于其他儿童的认识。到了 6 岁左右的时候，他们知道谁受欢迎，谁不受欢迎，谁经常被邀请玩游戏，谁常常被排除在外。通过询问儿童"你最喜欢/最不喜欢和谁在一起"或"谁是班上最受欢迎/最不受欢迎的人"等问题，心理学家可以绘制出学龄儿童的社交联盟地图。我们甚至还有一些线索可以解释，为什么这种对于社会世界的更全面的认识会在这个时候出现。有证据表明，所有正常发育的儿童在 5 岁左右的某个时候都会产生"心理理论"（theory of mind）——意识到别人的想法与自己的不同，而且这些想法和意图是基于每个人的特定经历的。在一项有关这方面的著名研究中，约瑟夫·佩纳（Josef Perner，1992）给儿童讲了一个故事，故事中的小男孩名叫马克斯，马克斯在出去玩之前将一块巧克力放在厨房的一个抽屉里。当他出去玩之后，他的妈妈将这块巧克力转移到了柜台上方的一个柜子里。佩纳问学龄前儿童，当马克斯回来之后他会到哪里去找那块巧克力。不到 5 岁的儿童认为，马克斯会到正确的地方，也就是柜子里去找——这表明，他们还不明白马克斯并不知道巧克力被移动过。但是几乎所有 6 岁的儿童都能回答正确——他们知道马克斯会到抽屉里去找，因为他并不知道故事听众们所知道的，也就是马克斯的妈妈将巧克力移到了其他地方。换句话说，到了 5 岁的某个时候，几乎所有的儿童似乎都意识到，人们的信念是建立在每个人自身的经历的基础上的，而别人的经历（以及由这些经历所导致的信念）可能与自己的有所不同。心理学家们认为，这一研究以及随后的大量研究表明，5 岁左右的儿童会发展出一种心理理论，在这种理论中，人们的经历和想法不一定相同，或者与自己的经历和想法并不相同。

一旦儿童有能力思考其他儿童的想法，他们就可能开始使用这种新发现的能力来思考同龄人是如何看待彼此的。从某种意义上来说，此时他们对于同龄人世界的描述从二维走向了三维。这种对于社会世界的更深层次的理解体现在几个方面。罗宾·班纳吉（Robin Banerjee）给 6—9 岁的儿童讲了一个故事，故事的主人公要么转到一所新的学校、遇到一些陌生的同学，要么搬到一个新的社区、遇到一些新的成人。然后，罗宾要求被试选择，在这些新认识的人面前，故事的主人公会从以下短语中选择哪一个来介绍自己，其中一个短语是"我在学校总是很努力地学习"，另一个是"我跑得很快"。在另外一次测试中，可供选择的短语变成"在学校我总是很努力地学习"和"我喜欢和朋友分享"。在第一次测试中，罗宾吉发现，只有年龄最大的儿童才能基于自己对于观众（儿童或成人）的感觉来做出选择。但是在第二次测试中，当被试被告知社区里的成人或学校里的儿童可能喜欢什么样的孩子时（例如，聪明的孩子或擅长运动的孩子），即使是年龄比较小的儿童，也会基于被告知的想象中的观众的喜好而做出选择。换句话说，儿童开始了解自我介绍以及它在别人对自己的看法中所起的作用。另一项研究也证明儿童具有这一意识。彼得·布莱克和凯瑟琳·麦考利夫（Peter Blake & Katherine McAuliffe，2011）为4—9岁的儿童提供了一次和一个陌生的同龄人分糖果的机会。在第一种情况下，儿童可以按下控制杆，这样就会有一块糖果被丢到自己这边的桌子上，有四块糖果被丢到另一个儿童那边的桌子上。在第二种情况下，儿童可以按下控制杆，使自己得到四块糖果，另外一个儿童只能得到一块糖果。在此过程中，家长以及实验者会全程观看。结果发现，除了最年长的儿童，所有其他年龄的儿童都会拒绝对于自己不利的选择（他们中没有一个人想让另一个儿童得到比自己更多的糖果）。最年长的儿童拒绝给另一个儿童比自己少的糖果（所有儿童都有几次拉动控制杆的机会，这样每个人都有可能得到一颗糖果）。布莱克解释说，这表明，年龄最大的儿童会因为自己得到四块糖果而只给伙伴一块糖果这种不公平而感到不安——他们的选择被一种公平感控制。

但事实证明，情况并非这么简单。在一项后续研究中，他对观众（父母和实验者）是否能看到正在发生的事情（透过屏幕），以及伙伴是否能看到被试选择了哪个选项进行了控制。在这一版的游戏中，只有年龄较大的儿童会在知道没人能看到他们的情况下做出有利于自己的选择（也就是获得比另一个儿童更多的糖果）。换句话说，儿童到了8岁左右的时候，他们的声誉感（the sense of reputation）会引导他们的行为（Blake，2012）。社会计量学的研究数据表明，儿童到9岁时能够区分自己真正喜欢和哪些儿童一起玩，以及他们认为哪些儿童受欢迎（Parkhurst & Hopmeyer，1998）。在这一点上，儿童对于社会世界的表征呈现出另一个层面。他们对其他儿童的声誉有了一定的了解——他们知道这些声誉在一定程度上是建立在人们对于他们评价的基础之上的。心理学家瓦莱丽·希尔（Valerie Hill，2007）给6—10岁的儿童讲了一些虚构的儿童八卦，并要求他们反思自己所听到的内容。她发现，就算是6岁的儿童也明白，有关某个人的不好的八卦会使这个人变得不那么受欢迎，而讲述一个不受欢迎的人的好的故事有助于这个人结交朋友。换句话说，到了6岁的时候，儿童就已经知道，八卦影响人们的声誉。

综上所述，这些研究表明，小学期间的儿童能敏锐地意识到自己和其他儿童的社会地位以及声誉。到了三年级的时候，他们就已经具有动态社会矩阵的心理表征。他们几乎总是把自己想象成一个矩阵，无论是在学校的社会世界里，还是在他们居住的社区里，或者是在表亲之间或棒球队之间。在某种程度上，这些声誉是建立在儿童所做的事情的基础上的（谁擅长打棒球、谁很有趣、谁很漂亮，等等）。对年龄较小的儿童来说，尤其如此。例如，当我的学生请儿童谈一谈自己最亲密的朋友时，一个4岁的儿童说："J带给我很多伤害，因为她把我从操场的平衡木上推了下去，还把沙子扔进我的眼睛里。"但随着年龄的增长，这些直接的观察会更多地与声誉联系在一起。例如，一个10岁的儿童说道："她有时候表现得很奇怪，有时候很刻薄，但是我们仍然对她很友好，因为我们不想让她知道我们不喜欢她。"此时，这个儿童的叙述就不再仅仅是基于她和朋友的直接经验，还传达了与朋友有关的但却是朋友与其他人之间所发生的一些事情的信息。当这些表征变得更加多维时，它们也开始包含更多的二手信息。一个7岁的儿童在谈到朋友时说："有一次，他眼睛周围被高尔夫球杆击中了。我觉得这应该是W的妹妹做的。"换句话说，这个儿童对于朋友的了解现在包含了W妹妹击中了朋友的眼睛这一传闻。这个年龄段的儿童也开始感兴趣于朋友在没和他们在一起时做了什么、看到了什么以及经历了什么。一个 10 岁的儿童在谈到朋友时说:"她每隔一周就去看望一次她的爸爸。她乘公共汽车去,不是校车也不是其他的车,就是普通的公共汽车。她说这真的很奇怪,因为车上每个人都散发着臭味或者香烟味。"

在任何一所小学或中学的走廊上悄悄观察,都能听到儿童之间源源不断的评论,比如,谁是这个群体的一员、谁不是,谁比较刻薄以及谁比较酷,等等。儿童会观察其他儿童的生活,就像成人观察彼此的生活一样。但这并不是他们所做的全部事情。就像成人八卦是为了了解社区、讨论违规行为、丰富自己对于他人生活的认识一样,儿童八卦在某种程度上也是为了获得更多的信息。他们就像收集有关机器、虫子以及龙的信息一样来收集关于其他人的信息,以满足自己对于别人的基本兴趣。

有充分的数据可以证明这一点。克里斯蒂娜·麦克唐纳(Kristina McDonald,2007,p.398)及其同事邀请了 60 对四年级的朋友到实验室来吃零食,并"像平时在操场上、在午餐时或在家里时那样聊天"。每观察 15 分钟,研究人员就对女孩们所说的八卦的数量和种类进行分析。结果发现,在女孩们的对话中,几乎一半都是八卦。虽然每对朋友之间有很大的不同,但平均来说,在 15 分钟的观察里,每对朋友大约会八卦 36 次,谈论到 25 个不同的人。大多数八卦是关于朋友的,而且大多是中性的(非恶意的,甚至也不具有特别的评价性)。大多数八卦关注的是其他人的行为,而不是他们的身体或个人特征。而且与我们对于性别的刻板印象相反,并不是只有女生喜欢八卦。

迈克尔·班伯格及其同事(Michael Bamberg & Georgakopoulou,2008,p.384)对一群 10—15 岁的男孩进行纵向跟踪调查,收集他们所写的故事、互相讲述的故事、在小组对话中分享的故事以及他们讲给实验者的故事。在这段研究期间,男孩们和研究人员一起谈论各种感兴趣的事情,他们还讲了很多的故事，其中包括班伯格所说的"小故事"（small stories）——将想法和经历转换成叙述形式的谈话片段，但这些片段转瞬即逝且不完整，而且常常看起来无关紧要。这些小故事中，有一些是典型的八卦。例如，当研究人员问这些十几岁的男孩，他们喜欢什么样的女孩时，经过一番闹腾和叽叽喳喳之后，一个小男孩低声地向另一个坐在桌子旁边的男孩讲了一个有关他的一个朋友的故事，据说他的这个朋友已经不住在附近了，随后，听故事的这个男孩又将这个故事分享给了更多的儿童听："有个可爱的女孩和他住在同一条街上，他的朋友喊他看这个女孩的腿，她穿着裙子，然后他说了一声'哇'"。这是一个很好的例子，它说明儿童之间会分享关于熟人的个人信息，以及有关在女孩面前应该或不应该做何举止的信息。换句话说，儿童不仅能够通过他们从成人那里听到的八卦来学习，还能通过他们彼此之间交流的八卦来学习。当4岁的儿童被要求谈谈他们的朋友时，他们所说的大部分内容都是关于朋友的外在特征（她有一辆自行车，他有一头乌黑的头发）或者是共同的经验（S非常有趣；我们在公共汽车上时S真的非常有趣；我们都喜欢做傻事）的描述。但是，到了儿童10岁左右的时候，他们对于朋友的了解更多是传达有关朋友内心世界的信息[她喜欢阅读；她喜欢书籍和哈利·波特；她刚刚在读书报告上为我们读了《好心眼儿巨人》[1]（The BFG）这本书，但她讨厌这本书，因为老师告诉我们，这本书的作者并不喜欢小孩子，所以他才会让坏事情发生在他们身上]和生物学信息（在她很小的时候，她的父母就离婚了）。显然，随着儿童认知世界的不断扩展和加深，他们八卦的风格和焦点也在逐渐扩展和加深。

此外，我们的数据也提供了有趣的证据表明，儿童对分享八卦时所涉及

---

[1] 该书的中文简体版由明天出版社于2009年出版。——译者注

的社会动态的看法是相当微妙的。我们很感兴趣的是,儿童是否注意到了是谁在向他们打听八卦。为此,两个不同的年轻女性对儿童进行了访谈。儿童在与其中一位女性交谈时,会比与另一位女性交谈时更愿意提供更多的信息和细节。佩莱格里尼和加尔达(Pellegrini & Galda,1990)认为,为了回应对话伙伴,儿童通常会变换所说的内容以及说话的方式。事实上,儿童对于对话伙伴的特征非常敏感,这种敏感对研究人员来说是一种方法论上的挑战,但是这种敏感也具有启发性。儿童对于听众的反应表明,在儿童很小的时候,他们就不仅对故事的内容感兴趣,还对故事讲述者与故事倾听者之间的动态互动感兴趣。他们不仅和不同的人说不同的八卦(谁不是这样呢?),还会根据传递信息的人的不同而对八卦采取不同的理解。到了10岁左右,儿童已经对八卦的动机,八卦对于八卦者的影响方式以及八卦的对象等有了相当成熟的认识(Hill,2007;Ben Ze'ev,1994)。从这个意义上来说,当儿童八卦的时候,他们可以获得三种类型的信息——有关八卦对象的知识(谁推了谁,谁住在大房子里,谁亲了同学以及谁受到了惩罚),有关在社会群体中什么被宽容、什么被厌恶的知识,以及有关说八卦的人的知识。虽然也许只有生物学家才有机会通过显微镜进行观察,只有历史学家才会不惜一切去查阅原始文件,但每一个汤姆、迪克或哈利都非常渴望通过八卦来获得丰富的知识。

不是所有人都是崭露头角的特罗洛普[1]

并不是所有的儿童都对其他人感兴趣。不言而喻,儿童和成人一样,他

---

[1] 即 Trollope,英国作家,长期坚持业余写作,共创作长篇小说47部,还著有大量短篇小说、游记、传记等。——译者注

们渴望了解同学或隔壁儿童的一举一动的热情各不相同。有些儿童从很小的时候起，就对别人的一举一动以及故事特别警觉——他们是如何生活的，他们做了什么、说了什么以及他们在过去发生了什么，等等。在我与幼儿园家长所进行的一系列访谈中，几乎所有家长都会不由自主地说自己的孩子有好奇心，但只有一些家长会提到孩子热衷于观察别人之间的互动以及"偷听"别人之间的谈话。一位母亲告诉我，当她和丈夫或朋友在厨房交谈的时候，她5岁的女儿会离开孩子们游戏的区域并悄悄地跟她说："让他们大声点儿说话。"也有一些经验支持这一观点，认为这是一种稳定且重要的个体差异。

西蒙·巴伦-科恩及其同事认为，儿童倾向于成为移情者（empathizers）或系统论者（systematizers）。移情者通过其他人及其感受来体验世界，而系统论者更适应于那些他们所创造的对象和模式（Baron-Cohen，Knickmeyer，& Belmonte，2005）。这与丹尼·沃尔夫（Dennie Wolf）30多年前对于儿童时期的两种游戏——模式化游戏（play of patterners）和戏剧化游戏（play of dramatists）所做的区分相呼应（Shotwell，Wolf，& Gardner，1979）。在她的理论中，模式化游戏者更感兴趣于积木和其他可供他们组织、分类以及创造有趣的结构的玩具。而戏剧化游戏者更容易被那些可以用来上演各种场景的玩具吸引。而且模式化游戏者会根据颜色、类型等选择和建构一组人物，而戏剧化游戏者可能会将一组彩色积木想象成一组人物。同样，有证据表明，有些儿童特别感兴趣于了解别人。

克里斯蒂娜·麦克唐纳等研究者（2007）让139名四年级女孩选择一个朋友和她们一起参加一项研究。而且，实验者鼓励每对儿童在吃零食和做手工时"像平时一样交谈"，并将她们的交谈过程进行30分钟的录音。结果发现，女孩们经常八卦——她们一半以上的对话都是在八卦。有些时候，她们还会用八卦来评价别人，例如下面这段对话。

M：泰森长得很丑。

H：泰森到底有什么不好？

M：泰森也没有什么错，只是……

H：他长了一对猴子的耳朵。（p.403）

然而，很多时候，八卦是相当中性的。女孩们似乎只是相互交流关于其他儿童的信息。例如，一个女孩告诉另一个女孩，她给一个朋友买了一件礼物，"J：莉萨，我给她准备了一件礼物。她真正想要的是拓麻歌子[1]，而我送给她的是宠物兽医。其实它们两个差不多，只是一个是四个按键，一个是三个按键，是有点不一样。而且，呃，她经常玩拓麻歌子，她还会教我怎么玩"（pp.402—403）。

研究者也注意到儿童之间有趣的个体差异。在他们的样本中，与白人女孩相比，非裔美国女孩会讲更多的八卦，所涉及的其他儿童的数量更多。而且，麦克唐纳等研究者发现，受欢迎的女孩比被拒绝的女孩更爱八卦。显然，从这些数据中我们并不能确定，女孩之所以受欢迎的部分原因是不是她们擅长八卦，或者八卦是否构成了女孩之间战争的"战利品"。

20世纪80年代，马乔里·哈尼斯·古德温（Marjorie Harness Goodwin）在有关费城黑人儿童的人种志研究中，展示了男孩和女孩是如何为了构建一个社会世界而彼此交谈的。八卦是他们交流的主要工具。他们经常以交换传闻作为解决争端的一种方式。例如，在她的研究中，女孩们会参与她们称之为"他说，她说"（he said, she said）这类活动中。在活动中，某个女孩

---

[1] 英文为"Tamagachi"，是一种掌上电子宠物，早期中文通称为"电子鸡"，又有"电子宠物蛋""宠物机""宠物蛋"等多种形象名称，它有3个按键，可以让使用者操纵"宠物"的一些行动，如喂食、游玩、打扫、查询等。——译者注

指责另一个在她背后说她坏话的女孩。古德温的分析和例子本身表明，女孩们通过"他说，她说"这种交流形式向彼此提供十分复杂的信息。男孩们则使用一些不同的对话仪式和规则，但他们也会用八卦来解决争端。在一个生动的例子中，一群12—14岁的男孩正在其中一个男孩托尼家的后院里玩他们熟悉的弹弓游戏。托尼试图让其中一个男孩乔巴离开，但乔巴并不想离开，他正在试图占得上风。他开始向其他男孩讲述托尼的故事，以此来诋毁他。"告诉你们吧，你们猜怎么着，有一次，在我们回家的路上，遇到三个男孩向我们要钱，托尼就这样（举起手来）说'我没有钱'"。（有关此引文的详细语言评论，请参阅古德温的著作）虽然对古德温所研究的几乎所有儿童来说，八卦都是一种很强大的"货币"，但是她也发现，有些儿童比其他儿童更经常、更熟练地使用八卦，而且男孩和女孩八卦的方式也存在巨大的差异。

就好像有些儿童对动物王国着迷，有些儿童对机器着迷一样，有些儿童的好奇心集中在人们的行为、思考以及感觉方式上。到了成年时期，对邻居感兴趣的人有可能会比对星星、昆虫学或历史感兴趣的人还要多。性别、个性、社会环境、社会地位以及环境等都可能影响一个人对于他人生活信息的渴望程度。

从小我就生活在一个充满八卦的环境中。我妈妈讲八卦，我的姐姐也讲八卦。我的祖母总是以这样或那样的方式讲八卦——我们经常在她和路易丝挂断电话以后一起看肥皂剧，只是这是一种比较被动、远程的八卦方式。虽然她几乎不识什么字，但是我上大学的时候她还是会写信给我，告诉我我们最喜欢的一些人发生了什么事。但是我的这些家人并非是我唯一的八卦导师。

当我还是个小女孩的时候，杜鲁门·卡坡蒂（Truman Capote）就经常在我们家进进出出。他是我母亲的好朋友，住在离我们家不远的萨加波纳克。他会冲进我家，用高亢而又口齿不清的唱腔喊我母亲那个不怎么使用的名字："噢，廷——卡——。"他常常昂着头从我们这些孩子身边走过，好像对于我们的存在很生气，他会径直走进我母亲的卧室，坐在卧室中的躺椅上，这样他就可以和我母亲八卦很长时间。如果是在午餐时间来，他还会带一些白鲸鱼子酱，这样他们俩就能在厨房餐桌上吃。我继父的家人已经种了两百多年的土豆，他每天都会从田里回家吃午饭，他讨厌鱼子酱。他会边吃花生酱三明治，边忍耐地倾听我母亲和杜鲁门愉快地讲述有关邻居或朋友的故事或信息——丈夫背着妻子和另一个男人在一起；众所周知的友谊正在破裂；或者是七年来没有写出一个字的作家。在我4岁到十几岁的这段时间，我很喜欢在沙发附近逗留，并不是因为饿想吃东西，而是渴望听杜鲁门和我母亲在午餐时所分享的每一点信息和故事。在一个狂风大作的冬夜，他顺道过来打招呼，因为我们都坐在客厅的壁炉那里，所以他就留下来和我们聊了一会儿。那天晚上，他没有聊上流社会的事，而是津津乐道于很久以前他小的时候在亚拉巴马州住过的那所房子里的感恩节晚餐。我昏昏欲睡地听着。我当时6岁左右，经常被他的声音、古怪的行为以及他要求我母亲关注他惹恼。但是，我又喜欢听他讲他的表妹苏柯·福克以及和他住在一起的其他奇怪的亲戚的故事。我总是听不够这样一个与众不同的家庭所发生的一切故事。几年之后，我才意识到他所讲的故事后来成为他的经典之作《圣诞忆旧集》[1]（A Christmas Memory）的续集《感恩节来宾》（The Thanksgiving Visitor）。杜鲁门在我的童年时光里进进出出，也在我的思想中进进出出。杜鲁门是一个很好的例子，告诉我可以用八卦做什么。作为一个生活在纽约的年轻作家，杜

---

[1] 该书的中文简体版由译林出版社于2018年出版。——译者注

鲁门结交了各种各样的人，特别是上流社会的女性。他很有魅力，口齿也很犀利——他急切地想要打探有关谁和谁睡过、谁丢了钱以及谁背叛了最好的朋友等每一个细节。他知道，通过她们，他可以为自己的创作发掘宝贵的素材。而发掘人们所隐藏的故事成为他获得所需知识的黄金路径。

杜鲁门告诉我母亲，让对方说话的最好方法是告诉他一些你自己的事情。他会向某些人吐露心声，如陌生人、朋友或女佣，但这么做只是为了刺激这些人说话。他不会仅向他们讲述一些平淡无奇或无害的事情，他采访别人时会先向采访对象倾诉一些自己的悲伤以及私密的事情的细节，这样做会让采访对象觉得自己了解了一些特别的事情。接下来可想而知，采访对象会告诉他有关自己的一些最隐秘的事情。他的全神贯注、同情、对对方讲述内容的兴趣，比最精心设计的采访更有效。

当他懒洋洋地躺在我母亲的卧室交流故事时，这些故事听起来就是典型的八卦——色情的、刻薄的以及有趣的。但他的八卦并非只是八卦，也是他检验人类弱点的素材。他把每一个故事、每一段复述的对话以及每一条小道消息都转化为故事，以此阐明人们的生活方式以及促使人们欺骗、谋杀、囤积、撒谎、吹嘘和背叛的动机。他所有的著作中都包含这样或那样的八卦，但他的最后一部作品《应许的祈祷》[1]（*Answered Prayers*）对于他自己在社交生活中所获得的八卦的使用过于直白，以至于他失去了许多朋友。

在我幼稚地"偷听"了大约 45 年之后，最近我梦见自己在一个有点像法国尼斯的城市里，坐在一个露天咖啡馆里。我的家人也都在那里，包括我的两个姐姐、几个侄女和侄子、母亲以及我的几个孩子，我们可能在一起度假。然后，就像在梦里才会发生的那样，杜鲁门不知道从哪里冒了出来，还

---

[1] 该书的中文简体版由上海译文出版社于 2020 年出版。——译者注

带着他生前养了很多年的两条斗牛犬——麦琪和查理。他一看见我们就径直走过来和我们说话。经过几分钟友好的交谈之后，我站了起来，开始和他以及他的两条狗一起散步，我们沿着鹅卵石铺就的小路走向城市中心。在我们走着的时候，我对他说："你和我很相像。你喜欢读书写作，我也喜欢读书写作。"然后，他用他独特的上扬音调对我说："是的，亲爱的苏珊，我们都喜欢八卦。"

我梦中的杜鲁门认为我们有什么共同之处？心理学家和小说家对于社会世界的内部运作有着共同的兴趣。我和杜鲁门都想了解人们说了什么以及做了什么，尤其是那些发生在卧室中和厨房里我们不应该知道的事情——那些讲述了真实故事的事情。对我们这些好奇别人的内心生活的人来说，八卦是关键。

我们中的有些人将对于八卦的热爱转变成日常工作。但是，我们并不是唯一想要知道紧闭的房门中正在发生什么事情的人。只有相当少数的成人会对火山、第二次世界大战或邮票等主题有浓厚的兴趣，然而几乎所有人都会对邻居、同事以及最喜爱的电影明星的生活有点好奇。大多数人把时间用在饮水机旁边或者隔着后院篱笆的闲聊上，或者用在杂货店排队结账时的窃窃私语上，谈论着色情的、无聊的或者令人幸灾乐祸的闲事。我们对于他人私事的兴趣使不同的人群联系在一起，创作出优秀的小说，进而造就帮助我们驾驭社会的洞察力，使我们中的一些人成为心理学家。而这一切的根源都可以在童年早期找到。

在我们的社会中，虽然成人不经常鼓励儿童问太多关于历史、地理和数学的问题，但是我们无法扼杀他们对于其他人，特别是对于其他儿童的好奇心。而八卦也许就是好奇心最具弹性的形式之一。

第 8 章

利用时间和独处

在我 10 岁的时候，我有一位叫凯莉·帕顿的老师。她来自南卡罗来纳州，她一生的挚爱是戏剧。我不知道她是如何或何时意识到我是一个狂热而快速的阅读者的，也不知道我们一起学习了什么使她送了我一本《飘》[1]（Gone with the Wind），但她就这样做了。对此，我唯一的记忆就是凯莉说："看，我觉得这是一本值得阅读的好书。"她是在 10 月份交给我的。打一开始，我就完全被这本书迷住了。我痴迷地阅读着，直到 2 月份才读完。我花了 2000 多小时，将近 86 天来阅读它。虽然书中内战的场景使我陷入困境（在这几个月里，我花了很长时间才越过这个难关，我隐约记得我还休息了一段时间，其间读了一些青少年的推理小说），但我的内心充满了斯嘉丽·奥哈拉[2]（Scarlett O'Hara）、瑞德·巴特勒[3]（Rhett Butler）以及他们的传奇故事中所有的对象、场景和元素。我完全没有注意到可怕的政治、米切尔[4]（Mitchell）对于黑人带有羞辱和贬低的描述，以及书中对三 K 党[5]令人厌恶的看法。我所能看到或感受到的只是一位南方美女的生活、战时引人入胜的细节、血、天鹅绒、冰茶、马车以及 19 世纪 60 年代美国南方白人的大片草坪。

---

[1] 该书的中文简体版由时代文艺出版社于 2017 年出版。——译者注

[2] 《飘》的女主角。——译者注

[3] 《飘》的男主角。——译者注

[4] 《飘》的作者。——译者注

[5] 美国最悠久也最庞大的种族主义组织。——译者注

当读完这本书之后，我感到很沮丧——一部分原因是瑞德离开了斯嘉丽，而另一部分原因是这本书读完了。我不能接受任何一种结束，于是我采用了一种解决方案来解决这两个问题。那就是不断地重读，不断地回到他们接吻的地方、他们相爱的地方、她对他说甜言蜜语的地方、他使她神魂颠倒的地方（我完全忽略了在一个关键场景中所暗含的强奸）以及他们曾经幸福地在一起的地方。我将这些部分反复阅读了很多遍，以至于不管是在白天还是在夜晚，我都可能轻易地想起它们。

我的痴迷并没有就此结束。在我 12 岁生日的时候，我母亲送了我一本绿色皮革封面的《飘》，书脊上还用金色浮雕刻着我的名字。而在我 13 岁的时候，我祖母的裁缝给我做了一件绿色天鹅绒长袍，就像斯嘉丽用窗帘做的那件一样，她这样做的目的是试图在战后拯救塔拉庄园，以摆脱贫困。

我还学到了很多关于内战的知识。在那几年，我对于那段历史的了解比其他任何时期都要多〔在我十几岁的时候，因为《日瓦戈医生》[1]（*Dr. Zhivago*）这部有关玛丽·安托瓦内特的历史小说以及伊丽莎白女王一世的传记，我对俄国和法国革命以及英国的宗教改革也有了类似的了解〕。

吃晚餐的时候，我会在其他人之前吃完，然后躺到附近的沙发上阅读小说，偶尔也会偷偷听一听在我不在场时其他人继续进行的谈话。我们住的地方离海很近，在夏天，我很快就厌倦了海滩，在那里 30 分钟左右就想离开，我会比其他人提早很多回到家里，然后躺在阴凉的客厅里读书。我是一个小说爱好者，一本书越接近情节剧、对于过去生活的描写越丰富就越好，就像《飘》一样。我阅读过乔吉特·海尔[2]（Georgette Heyer）所写的每一部摄

---

[1] 该书的中文简体版由江苏凤凰文艺出版社于 2020 年出版。——译者注
[2] 英国小说家，创作了多部历史罗曼史、侦探等类型的小说。——译者注

政时期的浪漫小说，以及维多利亚·霍尔特[1]（Victoris Holt）所写的每一部历史浪漫小说。到13岁的时候，我已经能够体会到阅读优秀作品的乐趣。阅读夏洛蒂·勃朗特[2]（Charlotte Brontë）、简·奥斯汀[3]（Jane Austen）以及艾米莉·勃朗特[4]（Emily Brontë）等作家的作品所带给我的乐趣，已经取代了十几岁之前那种廉价刺激所带给我的乐趣。

小时候，我对于阅读小说以及从中吸收信息有着近乎贪婪的欲望。我通过这种方式学到的东西比其他任何方式都多。我了解了战争、19世纪的城市与乡村生活，还了解了耕作方法、强奸、贵族、奴隶制、医学以及分娩，在这里我只是列举了小说的几个主题而已。有一年，大概是在我13岁的时候，我只想阅读关于电影明星的书。那时候，在南安普敦附近有一家满是灰尘、拥挤不堪的书店，店主名叫鲍勃·基恩，他的脾气很暴躁。但他很喜欢我，因为我喜欢读书，而且除了糖果店之外，这个书店是唯一一个我有赊购账户的地方。每次当基恩先生拿到一本有关葛丽泰·嘉宝（Greta Garbo）、克拉克·盖博（Clark Gable）、艾娃·加德纳（Ava Gardner）、查理·卓别林（Charlie Chaplin）等好莱坞明星的新书时，他都会打电话告诉我，然后我会搭车进城去取这本书，之后反复阅读，直到了解书中的每一条信息。是什么让一些儿童通过书籍来满足好奇心呢？我的兴趣虽然有些肤浅、好色，甚至逃避现实，但通过阅读这些书，我吸收了大量的知识。

不是每个人都能通过八卦来满足好奇心，有些人会求助于书籍。阅读书

---

[1] 英国作家，创作了大量浪漫爱情历史小说。——译者注
[2] 英国作家、诗人，曾创作《简·爱》等作品。——译者注
[3] 英国小说家，曾创作《傲慢与偏见》等作品。——译者注
[4] 英国作家、诗人，与夏洛蒂·勃朗特、安妮·勃朗特（Anne Brontë）被称为"勃朗特三姐妹"，曾创作《呼啸山庄》。——译者注

籍、文章或维基百科的习惯,对大多数人来说都是从小开始的。而且和很多习惯一样,它不是从儿童做什么开始的,而是从他们看到别人做什么开始的。我们早已知道,儿童在会说话之前就能理解语言,而且他们的语言理解水平到了小学中期阶段甚至之后还会继续领先于他们的语言表达水平(Snow,1982;Brown,1973;Bloom,1973)。一旦儿童能够理解别人所说的话,他们就开始关注周围人所讲的故事。我在第7章有关八卦的论述中详细地描述了这一过程。但是,他们所听到的不仅是关于邻居和亲戚的信息,还可以学到很多讲故事的方法。在很多家庭和社区中,编故事的艺术和八卦的艺术一样重要(Miller et al.,1990;Mullen & Yi,1995;Engel,1995)。

听故事和讲故事的欲望是普遍存在的——每个社群的人都在为彼此编造故事(Bruner,1990;Chafe,1980)。在很多社群,人们也会彼此讲述一些可能发生的事情,甚至不可能发生的事情。正如杰罗姆·布鲁纳所说,故事与事实无关(1986)。作为故事,它不需要说实话、不需要精确,也不需要包含关于现实生活的事实。它只需要描述一个动作或一系列的动作、一种传达意义的顺序感、一个主角以及一种视角,即一种叙事的声音。然而,正如拉塞尔和卢卡列洛(Russell & Lucariello,1992)所认为的,并非每件事情都是故事。如果我告诉你,我早餐喝了咖啡加热牛奶,但并没有提供有关我这一天生活细节的任何叙事。如果我不停地抱怨我的继母,但没有进行任何叙事,我的朋友或治疗师就可以基于我的各种抱怨建构出一个叙事。所以,所谓叙事指的就是通过文字或谈话所讲述的故事,或者是通过动作(例如,在芭蕾舞或连环画中通过手势或绘画)所暗示的故事。

我们知道,有些家庭会比另外一些家庭讲更多的故事。而且,这些故事的数量和质量似乎会影响儿童在成长过程中的讲故事倾向。听更多故事的儿童,同样重要的是,和父母一起讲更多故事的儿童(Engel,1995),随着年龄的增长，他们会为了更广泛的目的而讲更多的故事。在蹒跚学步时期，与父母一起回忆往事的儿童，无论是学龄前儿童还是更年长的儿童，当他们讲故事时，更可能以丰富的、详细的、清晰的方式来描述事件。研究表明，那些很少与父母一起追忆往事的儿童，随着年龄的增长，不太可能讲述详尽的或信息丰富的故事，也不太可能将个人故事作为思考自身生活的一种方式（Spence，1983；Schafer，1992）。

在这里，人类的思想和习惯相互联系。我们似乎天生就有一种冲动和能力，可以把世界理解为一系列的故事（因此，在早期认知发展中，文字是至关重要的）。人类学家和跨文化心理学家发现，虽然每种文化都会使用故事，但是不同的文化在讲故事的频率、叙事的方式以及讲故事的原因等方面存在很大差异。然而，似乎每个地方的人都有一个共同点，那就是追踪故事情节的能力。这也是阅读能够满足好奇心的第一个原因。正如我在第6章所说，每个人都想知道接下来会发生什么。

但是，除了叙事结构（故事情节）以及内容（八卦）可以助长儿童的好奇心之外，早期叙事在好奇心的增长过程中还发挥着另外一种重要作用。从在家讲故事到在学校识字，有一条清晰而坚定的发展路线。那些在学步儿时期和学龄前期听过和讲过更多故事的儿童在学习阅读时会更加容易。这一点也不奇怪。虽然理解与掌握发音和文字之间的对应关系是学习阅读的重要组成部分，但具有一定的叙事意识同样重要（Wells，1986；Smith，1998）。还有一些证据表明，那些倾向于使用语言来描述事物（而不是用语言来做事情）的儿童，他们学习阅读会更加容易。所有这些似乎都能汇聚成一点——被故事包围的儿童更有可能成为阅读者。但前提是他们能接触到阅读材料，看到别人阅读。在过去50年的发展研究中，有一项最明确的发现是，在父母阅读陪伴下长大的儿童更有可能成为阅读者。但这到底意味着什么呢？虽然研究已经表明，会阅读的父母是儿童阅读可能性的最好预测因素，但是研究人员至今不能完全确定其中的原因。可能是因为爱阅读的父母往往受教育程度更高，这就促使他们鼓励孩子更多地参与教育活动（比如，给物体命名、说话以及阅读）。可能是因为爱阅读的父母更聪明，他们的孩子也更聪明。也有可能是因为爱阅读的父母只是简单地给孩子提供了一个强大的榜样。最有可能的是，这种强烈的关联性来自以下三个原因的综合——如果你的父母有特权，受过教育并且经常阅读，你就很可能阅读。即使这些因素中只有一个是符合的，它也会增加儿童轻松阅读的机会。然而，阅读能力和阅读意向是不完全相同的。

是什么行为和特征导致儿童使用书籍来满足好奇心？一定程度上，它始于人们发现，书籍提供了一些他们无法直接接触的事实信息，如大卡车、奇异的鸟类、农场动物、怪物、仙女，或者只是有关那些生活在遥远的地方或很久以前的人的生活细节。

对一些人来说，从如此间接而权威的来源（如散文）获得信息是没有吸引力的，甚至是难以理解的。我在农村的一个邻居对周围的物理世界有着丰富的知识。在成长过程中，她在徒步旅行、骑山地自行车、皮划艇、漂流以及露营等方面非常擅长。此外，她对于自然的某些方面也有很多了解——如何识别鸟类，如何在树林里开辟一条小径，或者如何在河流中航行。然而，当她的第一个孩子 3 岁时，他很明显更喜欢读书而不喜欢徒步旅行，在一次徒步旅行时他大声抱怨："妈妈，我不喜欢大自然，我厌倦了大自然。"但是，如果给他一本《丁丁历险记》[1]（*Tintin*），或者是一本超级英雄百科全书，甚至是一本国家地理杂志，他都会安静下来，全神贯注地阅读几小时，以至

---

[1] 该书的中文简体版由中国少年儿童出版社于 2018 年出版。——译者注

于忘记周围的人和活动。他的家人因为他是这样一个书虫而感到非常不安。他们不明白，为什么他宁愿读书也不愿闲逛、触摸和观看。对他们来说，文字所包含的信息并不比事物本身更令人满意。出于担忧，他的父母向一位儿童心理学家寻求建议，他们担心他"整天埋头于书本中"，会"迷失在书本中"。对父母来说，孩子这样沉迷于阅读，就表明他正在退出周围迷人的世界。但孩子很可能觉得自己正在从一个具体而有限的世界中退出，进入一个广阔而开放的世界。他不会是唯一有这种感觉的孩子。

当然，对于有些儿童更喜欢书籍而不是周围的人和事，原因很明显——举三个常见的原因来说，即痛苦的家庭生活、不愿与人交往以及强烈需要安静。但同样合理的解释还有，书籍能够为饥饿的心灵提供近乎无穷无尽的"食粮"。他们可能就像我的这位小邻居一样想要了解更多的信息，或者获得不同于他们在森林里散步所获得的信息。

然而，即使同为狂热的年轻读者，他们之间也存在重要的差异。想象一下，带一群四年级的学生去图书馆选择他们喜欢的书。当然，刚开始有些儿童会因为对阅读不感兴趣或有困难而找不到喜欢的书。但是对喜欢阅读的儿童来说，他们有些人会径直走向小说区，而有些人只会关注百科全书、指南或其他非小说类图书。这两种不同类别的图书出于不同的原因引起了读者的好奇心。

收 藏 家

那些冲过来就去找有关蘑菇或潜艇方面的图书的儿童，他们想要了解更多的信息——信息越多、越详细的百科全书越好。并不是所有儿童在长大之后都会把这种对于信息的近乎无底洞般的欲望抛诸脑后。在我们成人的世界中，有很多人会收集从书中找到的信息——有时候，他们还会收藏这些书。

有关这方面的一个很好的例子发生在作家西蒙·温切斯特的身上。他最有名、最成功也最畅销的著作是《教授与疯子》[1]（The Professor and the Madman）——描述了内战老兵 W. C. 迈纳（W. C. Minor）医生和负责《牛津英语词典》（Oxford English Dictionary）编纂工作的英国学者詹姆斯·默里（James Murray）教授之间奇怪的合作。迈纳因无缘无故暴力杀人而被监禁。默里依靠一些业余语言学家给他寄来的材料进行词典的编纂工作。当他发现有个人（迈纳）给他寄来了一万多条词条时，词典编纂委员会想要表彰这位重要的贡献者。但就在那时，他们得知这位贡献者因为杀人而入狱。温切斯特的这本畅销书戏剧性地展开了默里与迈纳之间奇怪的联系，但它真正的故事是一个收集单词的故事。紧接着，温切斯特于 2003 年又出版了另外一本著作，叫作《OED 的故事》[2]（The Meaning of Everything: The Story of the Oxford English Dictionary）。细读温切斯特的著作就会发现，虽然他既是一位历史学家，又是一位非小说类畅销书作家，但他本质上还是一位收藏家。他最热衷于收藏的是关于图书、收藏家以及图书藏家的信息。他的作品包括一本关于李约瑟（Joseph Needham）的书，李约瑟是研究中国科学史的学者，他积累了大量有关中国科学的著作和参考文献；也包括一本关于刘易斯·卡罗尔（Lewis Carroll）的书，卡罗尔收藏了一张名叫爱丽丝·利德尔的小女孩的照片，并为她写了《爱丽丝梦游仙境》[3]（Alice in Wonderland）；还包括一本关于骨骼和头骨收藏家艾伦·达德利（Alan Dudley）的书。另外一个生动的例子也可以说明他对于其他语言收藏家的着迷。他在《纽约书评》（New

---

[1] 该书的中文简体版由南海出版社于 2016 年出版。——译者注
[2] 该书的中文简体版由上海人民出版社于 2009 年出版。——译者注
[3] 该书的中文简体版由江苏凤凰文艺出版社于 2017 年出版。——译者注

York Review of Books）上曾写过一篇对于乔纳森·格林（Jonathon Green）于2012年编纂出版的《格林俚语词典》（Green's Dictionary of Slang）的评论。在那篇评论中，他首先描述了纽约市格林尼治村佩里街的一间公寓以及该公寓的居民马德琳·克里普克（Madeline Kripke）。他说，克里普克对于俚语词典特别感兴趣，她几十年来一直在收集书籍、手稿以及其他与词典有关的资料。换句话说，温切斯特就是一位语言收藏家的收藏家。2012年，当被问及他怎么看待人们喜欢收藏这件事时，温切斯特毫不犹豫地回答说："这是一种支配的需要。"这一出自温切斯特这位研究其他收藏家的收藏家之口的回答很有启发性。这和好奇心有什么关系呢？因为对收藏家来说，获取信息的欲望在某种程度上是与权威感和力量感联系在一起的，但这只是猜测。我只想说，收藏代表了一种探究的形式——一种想要在某个领域获得详尽的、专门的知识的强烈冲动。在温切斯特的例子中，这种收藏的冲动与他对书籍作为知识来源的痴迷完全交织在一起。事实上，他描述了不止一个事件，在这些事件中，他意外或偶然地发现了一些能让他通宵阅读并引导他找到一条全新的研究路线的书，在某些情况下，还帮他找到了写作的新想法。

约翰威利出版社的参考书编辑肖恩·皮金（Sean Pidgeon, 2013）曾写道："如果你愿意，你可以同情我，但对此我不会有什么反应。因为作为一个长期从事学术和科学参考书出版的人，我沉迷于查找资料"。对他来说，就像我们许多人一样，探寻的过程本身有点让人上瘾。我们阅读一篇文章（就像我第一次读他的文章一样），并在其中发现了一些我们必须要更多了解的东西——一个单词、一个名字、历史上的一个时间、一个主题等——在我们了解它们以前，伴随着每一条新的有趣的线索的出现，我们的时间概念被淹没了，感觉就像到了一个自然的停顿点一样。他这样描述"研究时的狂喜"（research rapture）："对一个话题或一段历史进行彻底研究而产生的一种热情或兴奋的状态；一种令人愉快但又危险的状态，因为它不断地偏离有趣的线索，或者不断地寻找更难以捉摸的事实。"

搜索引擎会让这种瘾更容易被满足，实际上也可能鼓励更多人产生某种好奇心。我说"某种"是因为，正如我在前文所描述的，研究表明，一般来说，成人至少有两种好奇心——发散性好奇心和特殊性好奇心。特殊性好奇心指的是需要寻找有关某个特定主题的更多信息。例如，那些对火山有着无限好奇心的人，他们实际上可能对人们的私生活，甚至是其他更密切相关的事情，比如爆炸性的自然事件（如地震）都不太感兴趣。而有些人似乎有一种所谓的发散性好奇心——对很多事情缺乏洞察力或持续的好奇心——这是一种普遍的兴趣。想象一下丹尼斯·狄德罗和简·奥斯汀之间的不同吧，前者兴趣广泛，最终创作了一本百科全书，后者坚定不移地关注周围人的内心世界和外部生活之间的联系。毫无疑问，狄德罗更倾向于花上数小时在搜索引擎上搜索信息，而奥斯汀会被某些能够帮助她深入了解其他人生活的网站吸引。

在过去10年里，大量的实证研究工作考察了人们在网上查找信息的模式。通过维基百科等资源可以获得大量数据，网页设计师也已经进行了大量这方面的研究，他们对于人们是如何搜索信息的这个问题很感兴趣。这种行为甚至还有一个很形象的名字：觅食（foraging）。这一比喻特别贴切，因为它暗示了信息就像食物一样可以满足人的胃口。事实证明，人们倾向于采取以下两种策略——一种是当他们在寻找某种特定的信息时，或者在试图了解一个非常具体的主题时所采取的策略；另一种是当他们单纯只是浏览时所采取的策略。这两种策略模式反映了研究人员所发现的两种好奇心——特殊性好奇心和发散性好奇心。

我们有充分的理由相信，在喜欢阅读的儿童当中，对于非小说类图书的兴趣可能很早就出现了，但他们并不是唯一的读者。

虚构的世界

读小说的人想了解小说所描述的世界。通常，小说读者会对他人的想法和意图感到好奇，也许他们自己并不知道。在一系列的实验中，戴维·基德和伊曼纽尔·卡斯塔诺（David Kidd & Emanuele Castano）让成年被试阅读一些写得很好的文段。一些被试阅读小说类文段，如路易丝·厄德里奇[1]（Louise Erdrich）和艾丽丝·门罗[2]（Alice Munro）的作品，一些被试阅读非小说类文段，如《史密森尼》（Smithsonian）杂志等出版物中的文章。然后，所有被试都被要求完成各种各样的任务，以判定他们思考他人想法、意图和感受的能力。例如，在一项任务中，被试被要求解释照片中一双眼睛所表达的情绪。在另一些情况下，他们被要求解决一个复杂的错误信念任务。那些阅读复调小说[3]和作家小说的被试，用作者的话来说，在移情和心理理论测试中的得分会比那些阅读优秀的非小说文段的被试要高（2013）。阅读过大量小说作品的人可能与威廉·詹姆斯非常相似，渴望了解其他人的想法和感受。小说提供了源源不断的人物信息，这些人物的生活可能与读者的生活大相径庭，同时也提供了有关作者的源源不断的信息，作者向读者说出自己的想法，这至少展示了他们对于世界的思考和感受，正如米哈伊尔·巴赫金（Mikhail Bakhtin）所描述的复调的概念。

---

[1] 美国当代印第安作家，创作设计小说、诗歌、儿童文学等。——译者注
[2] 加拿大作家，屡获大奖，曾被称为当代的"契诃夫"。——译者注
[3] 苏联学者巴赫金创设的概念，用以概括陀思妥耶夫斯基小说的诗学特征，即"具有众多各自独立且不相融合的声音和意识"。——译者注

因此，阅读为满足各种好奇心提供了一个重要而广泛的来源。但对充满好奇心的心灵来说，并不只是图书的内容使阅读成为一种有价值的资源。当我把所有的时间都用在阴凉的客厅里的沙发上时，吸引我的不只是米切尔、奥斯汀和勃朗特所创造的世界——还有一个事实，那就是当我阅读时，我是一个人。

独　　处

独处在儿童探寻问题和兴趣时发挥重要但却往往被低估的作用。近年来，人们如此关注同伴关系的重要性、良好教育以及良好学校教育的价值，但我们可能已经忘记童年时期同样重要的一段经历——自由时间和独处时间。当代大部分的发展研究都强调独处的危险性，独处往往被视为孤独。当前研究的重点是那些很难交到朋友的儿童，或者由于不利的生活环境（如脆弱的家庭结构、贫穷等）而孤独一人的儿童，难怪独处会和各种各样的问题产生联系，如抑郁和社交困难。这种联系一旦建立起来就会导致一些研究以最极端或最持久的形式来定义独处——不愿意花时间独处或花大量时间独处。

这反映出在整个社会中，社交能力如此被重视。当儿童讲述自己独处的感受时，他们可能会不自觉地把这段时间视为无人陪伴的时间，而不是在没有噪声或其他人影响的情况下，思考和获取个人资源以及体验事物的机会。

对社交能力的偏见忽视了非结构化独处在培养一个人的兴趣、满足一个人在特定领域的好奇心方面的重要性。看看许多伟人的生活就可以发现，在独处时间毫无负担地做白日梦和进行探索是获取知识的关键——换句话说，是好奇心发展的关键。例如，在作家、画家和科学家的第一人称叙述和传记中，充斥着对童年独处时光的描述——爱德华·威尔逊、芭芭拉·麦克林托克[1]（Barbara McClintock）、夏洛蒂·勃朗特和安德鲁·怀斯[2]（Andrew Wyeth），他们还只是其中的几个例子而已。毫无疑问，在当今生活中，自由时间和独处时间对年幼的儿童来说具有同样强大的力量。在一次广受关注的TED[3]演讲中，电影制作人J. J.艾布拉姆斯（J. J. Abrams）描述了他小时候在一家魔术商店购买的一个密封的纸板箱，箱子里装着一些魔术材料。如今艾布拉姆斯已经40多岁了，但他从未打开过那个箱子，因为他更喜欢未知事物所带来的永恒诱惑。在我对艾布拉姆斯进行的一系列采访中，他将这与他对电影制作的痴迷联系了起来。

> 创造幻觉和魔法这一想法……我一直喜欢电影和电视，也一直喜欢魔术。早在我喜欢看电视时——我喜欢《蝙蝠侠》（*Batman*）里的亚当·威斯特（Adam West），我就对魔术有了记忆。我还在洛杉矶北部大道的小提琴手那里学到了一些小魔术。我喜欢那些小小的鸡蛋杯把戏，喜欢了解那种如何做某件事、如何愚弄观众的秘密，我也喜欢了解错觉是什么并且喜欢看到错觉，这些给我某种能量，让别人相信我正在做的事情。
>
> 我喜欢蝙蝠侠，喜欢表演。我喜欢人们穿戏服——起初我从来没有想到成人穿戏服是件多么有趣的事，我只是觉得很酷。我清楚地记得，

---

[1] 在遗传学研究领域第一位独立获得诺贝尔奖的美国女科学家，也是世界上第三位独立获得诺贝尔奖的女科学家。——译者注

[2] 美国当代重要的新写实主义画家。——译者注

[3] 英文全称为"Technology, Entertainment, Design"（技术、娱乐、设计），由美国一家私有非营利机构组织的会议，其宗旨是"传播一切值得传播的创意"。——译者注

这个世界的神奇之处就在于它有无限的可能性。

我把我的蝙蝠侠衣服带到学校，在学校分享自己对电影的热爱。我五年级的老师让我在课堂上拍摄电影。全班同学都很兴奋，因为那天我们不必上课。在我拍摄的《我和幽灵》(The Ghost and I) 这部电影中，我的老师卡琳先生穿着戏服，一切……

我不是很擅长运动。当你在常态下获得成功时，这就是你要走的路。而当你没有获得成功时，这就不是你要走的路。你可以闭嘴，可以停滞不前，可以成为局外人，也可以往学校外面看。或者以我为例，我了解电影制作，但在棒球比赛中是最后一个被选中的人，太可怕了，这是其他人的"菜"。而我既不是一个好学生，也不是一个对此感兴趣的学生。我只喜欢制作电影、思考电影、写电影（摘自2012年我与艾布拉姆斯进行的一系列访谈）。

这不只适应于那些长大后成为艺术家的人。想想认知心理学家乔治·米勒在回忆录中所说的一段话，他回忆起他童年时的一个关键时刻。

在我七八岁大的时候，有一天，我从位于西弗吉尼亚州查尔斯顿的1500街区的卡那瓦学校步行回家。

在人行道与路边之间的泥土里，我发现了一个从其他儿童的玩具上掉下来的小轮子。我把它擦干净之后发现，它是一个非常漂亮的轮子：红色的，带着一个小的橡胶轮胎。我一个人一边慢慢地走着，一边仔细检查那个轮子。我突然想到，如果我再有一个像这样的轮子，那么我只需要再加上一个车轴，它就可以滚动了。如果我再有另外一对轮子，那么我就可以做些其他的事情了。我可以把它们装在一块木头下面做一辆车。为了让它更好看，我还可以把木块雕刻成汽车的形状。当我走到家门口时，我正在努力回忆我在哪里看到过一小罐油漆。

当我继续往前走的时候，我看了看我的手，手里面除了一个轮子之外其他什么东西都没有。我惊喜地将这段经历铭刻在记忆之中。

从那以后的60年里，当年那个默默地盯着玩具车轮的小男孩，多次回到我身边。丰富的想象力被残酷的现实嘲弄——谁没有经历过这种想象与现实之间的落差？我虽然不太挑剔，但是比大多数人经历得更多。

作为一名教师，我一直倾向于将事情看得比事实更清楚，但是我听说对科学家来说应该像躲避毒药一样躲避这种倾向。我在想，难道科学的目标就仅仅是对现实的客观描述吗？如果我不那么沉迷于反事实（counterfactuals），我就不可能成为一名心理学家。

事实往往被过分高估，它仅仅是一切有趣的事物的起源（Miller，1977）。

这两个故事相隔近一个世纪，一个故事描述了一个年轻的南方基督徒男孩，他长大后在科学领域获得了杰出的成就，并且改变了美国心理学进程；另一个故事则描述了一个生活在20世纪70年代的洛杉矶的犹太男孩，他长大后拍出了一些轰动一时的电影大片。他们之所以会被联系在一起，是因为他们的职业生涯都是由好奇心所驱动的。他们也分享了自己的童年记忆，其中都包含大量的空闲时间和独处时间。事实上，艾布拉姆斯特别提到了那种感觉自己不属于"主流"群体的经历，并坚持认为，正是这种感觉推动他走向一种更加孤独的追求——一种基于思考而不是简单的行动的追求。

虽然我们对于儿童是如何打发时间的知之甚少，但这些数据支持了这样一种观点，即儿童有空闲时间是有益的。桑德拉·霍弗思和约翰·桑德伯格（Sandra Hofferth & John Sandberg，2001）从1997年发布的"儿童健康发展补编"（Child Health Development Supplement，CDS）中抽取被试作为"收入动态小组研究"（the Panel Study of Income Dynamics，PSID）的研究对象，这是一项对典型的家庭样本所进行的为期30年的纵向调查。这些家庭被要求记录孩子的活动日记，以此了解当代美国儿童是如何打发时间的。研究数据很具有启发性。3—5岁儿童每周花大约17小时在自由游戏上，但他们中的大多数儿童每周用在户外的时间不足1小时，而每周阅读的时间不到2小时。到了9岁的时候，他们也没有更多的时间花在户外，而且自由游戏时间少了很多（每周只有不到9小时）。他们花在阅读上的时间也更少了（每周1小时15分钟）。作者认为，阅读的乐趣似乎会随着儿童年龄的增长而降低，尽管这与良好的学习表现有关。在另一项有关儿童是如何打发时间的启发性研究中，里德·拉森（Reed Larson，1990）使用事件抽样的方法表明，9—12岁儿童报告说自己有17%的时间是独处的。他的数据表明，青少年不喜欢独处，但那些花更多时间独处的人似乎能更好地适应。他把这归因为独处在促进身份形成的发展任务中可能发挥着作用。而且他最终还得出结论，随着人们年龄的增长，独处会变得更有价值。

与此同时，发展研究也表明，自由游戏和独处对于智力发展都非常有价值。皮亚杰关于智力发展的整个理论都是围绕儿童与周围物质世界互动时的发现而展开的。事实上，这一理论的前提是，意料之外的事件能够促使儿童改变他们思考事物的方式——一个不能像其他球那样滚动的球，一个在其他玩具都沉下水底时却漂浮在水面上的玩具，或者是一个突然弹出什么东西的盒子，这些都刺激儿童去学习、实验、重新思考，并最终扩展他们的思维方式，或者用一个更符合新数据的新图式去代替旧图式。随着儿童年龄的增长，能够激发他们这种智力发展的事物也会发生变化。在有关皮亚杰的一个最简单但却最有力的例子中，皮亚杰描述了当自己还是一个小孩子时，他发现无论如何摆放鹅卵石（摆成圆圈、直线、分散状），鹅卵石的数量都是相同的——这导致了一个重要的发现，即无论物体的形状或样式如何改变，其数量总是不变的。在他的观察和实验中，皮亚杰一再强调，在与物体的互动过程中，儿童从自己的预感、问题和欲望中获得智力的发展（1964b）。他的核心假设是，当儿童与物体互动时，他们这样做不是因为无所事事，也不应该说是为了创造，而是为了回答一个问题，无论这个问题多么含蓄或无意识。虽然皮亚杰很少向老师或家长提建议，对于他的理论模型的实际意义也不感兴趣，但事实上，他的理论的逻辑结论仍然是，儿童受益于以自己的方式与周围物体互动的机会，而这一切都是由他们自己决定的，他们通过做出手势、动作和一系列行为来促进智力的发展。约翰·杜威也分享了皮亚杰的一些观点。虽然皮亚杰是一位科学家，但他基本上不关心实际的儿童，更不用说他们的教育了；杜威是一位哲学家，他对研究不感兴趣，但却对儿童及其教育很感兴趣。尽管如此，他们的工作仍然存在着部分重叠。

杜威认为，儿童有四种基本的冲动：创造的冲动、交往的冲动、探究的冲动以及建构的冲动。与皮亚杰不同，杜威感兴趣于教师在帮助儿童构建这四种冲动中所扮演的角色。但他也和皮亚杰一样坚信，当儿童被允许自由行动时，他们对于调查和获取新信息的需要就将指导他们大部分的行为（Dewey，1911；Cuffaro，1995）。

虽然皮亚杰对教育不感兴趣，但从本质上来说，他的一些后继者却对教育感兴趣。皮亚杰的学生、翻译家及其最终的合作者爱莉诺·达克沃斯（Eleanor Duckworth，1972）在《精彩观念的诞生：达克沃斯教学论文集》（*The Having of Wonderful Ideas: and Other Essays on Teaching and Learning*）

中描述了如何将课堂建立在皮亚杰的智力发展理论之上。正如论文题目所暗示的,以皮亚杰理论为基础的教育能够让儿童通过自己的活动来发展观念——这些观念将融入新的经验,并随着对旧观念的挑战而改变。

时间的作用

在一个以皮亚杰、库法罗(Cuffaro)、杜威和达克沃斯等人的思想为基础的教室里,儿童将有更多的时间来体验周围的世界——尝试、追踪错误的线索、做出预测和检验预测、调查、打闹,从而进行探索。多年来,人们一直在谈论开放式课堂的本质,其中最著名的可能是约翰·霍特[1](John Holt)、赫布·科尔(Herb Kohl)、芭芭拉·比伯(Barbara Biber)和德博拉·梅耶尔(Deborah Meier)等人的研究。但这些研究者通常关注的是取消具体或僵化的课堂学习目标,放弃照本宣科的课程,跟进学生的兴趣和主动性的好处。有关这种学习的另一个强大但几乎看不见的组成部分,却很少有人提及。为了尝试新事物,从对于物体的探究中获得学习,并回答自己的问题,儿童需要大量的时间,而这些时间必须脱离成人的脚本(首先做 a,然后做 b,遵循这些指令直到完成 c)。在我之前所讲的那个故事中,老师说:"我会给你们时间在课间做实验。现在科学课的时间到了。"很明显,她觉得必须非常小心地安排儿童的时间,以确保学习目标的实现。但是,她的回应有两个问题。首先,她认为,要回答的重要问题应该是她所提出的问题,而不是儿童自己提出的问题;其次,她认为,她可以规定回答问题所需要的时间。真正的学习需要时间,而且从一定程度上说,真正的学习也依赖于真正的问题。为此,首先儿童必须要有足够的时间去熟悉某些领域的某些材料。一旦

---

[1] 美国教育改革家、作家,被称为"美国当代教育改革之父"。——译者注

熟悉了某样东西（例如，一堆泥巴、一个小玩意儿、水族馆里的鱼以及行星等）之后，儿童就有机会发现异常，或找出一些值得进一步探究的部分，接下来就需要时间来摆弄。这些摆弄可能非常微妙——想象一下，一个对黑色蜡笔是否能够覆盖所有其他颜色感兴趣的 6 岁儿童，她尝试用红色蜡笔、黄色蜡笔或蓝色蜡笔分别涂在用黑色蜡笔所画的区域之上，她的实验可能持续 20 分钟，对一个满脑子想的都是考试成绩的老师来说，她的这种尝试可能显得毫无成效。或者想象一下，一个对魔术感兴趣的儿童，想要花几小时阅读关于魔术师的书。有些时候，她只是简单地看照片，了解关于某位著名魔术师的传记信息，或者阅读如何变魔术。而在某些时候，她可能又对错觉的概念很感兴趣——但她可能还需要一段时间才能理解。探究的过程可能充满错误，但仔细考虑新的数据就会获得新的探究可能性。

　　对于自由时间的价值的支持来自一个有趣的、相当新的研究领域——利用互联网获取信息的研究。在一项有关成人如何利用互联网寻求娱乐兴趣的谱系研究中，克里斯特尔·富尔顿（Crystal Fulton）发现，快乐的程度与有效的、持续的信息搜集策略之间存在联系。她的论点的关键是时间的作用——她指出，如果学生对于完成某项作业有压力，那么他们体验到的快乐就会减少，而且他们的搜索行为也不会那么彻底。这一发现在大量有关线上搜索的研究中得到了印证。

　　教师经常不愿意给学生充足的时间去探索、追踪错误的线索以及浏览，其中一个原因是，他们感觉到了要帮助学生实现明显的、明确的、可测量的学习目标的压力。伴随这些目标的是一种新的价值观，即确保儿童明白他们应该学什么，或者，视情况而定，他们已经学会了什么。这体现在美国学校广泛使用的所谓的"SWIBAT"上，它的意思是"学生将能够……"（students will be able to…）。教师被鼓励在每一天或每节课开始时在黑板上放一个"SWIBAT",从而使每个人都能知道当天的具体学习目标。老师们通常会问学生学到了什么,以此确保他们理解了学习内容。然而研究表明,当儿童能够把知识明确地表达出来时,这增加了他们理解的深度(Vygotsky,1978;Bruner,1966;Brown,1977)。研究人员还发现,大量的学习,特别是儿童时期的学习,是在内隐水平上进行的。罗伯特·西格勒(Robert Siegler,2000)的实验证明了这一点,他的实验着眼于儿童如何解决计算问题。他和合作者让儿童解决三步加减法问题,这些问题可以通过直接计算来解决(例如,3+5−3=?),也可以通过启发式算法更快地解决(在这种情况下,当加上或减去的数字相同时,则第三个数字保持不变)。他们发现,儿童在能清楚地表达"规则"之前,就能以更快的速度解决问题(这表明他们采用的是节省时间的启发式算法)。换句话说,他们的发现起初是内隐的。很明显,一些最重要的学习发生在内隐水平上,是由儿童自己发现的,而不是别人教给他们的。迪安娜·库恩(Deanna Kuhn)在科学教育领域也证明了类似的观点。为了成为科学技能丰富或科学知识渊博的人,儿童必须学会在实验中控制变量的基本概念,库恩从这一前提出发,挑战了克拉尔(Klahr)和尼格姆(Nigam)提出的观点,即教授概念的最佳方式是通过直接的教学。相反,库恩给了儿童进行虚拟实验的机会,以探究导致龙卷风的条件。在第一种情况下,儿童被明确地教导,一次只操作一个变量的重要性;而在另一种情况下,儿童被给予独立进行实验的机会,尽管有一个成人会在旁边回答他们的问题并提出建议。几周后,当儿童被要求对别人的科学实验进行评价,或者进行一项新的实验时,那些被给予更多自由和更少直接指导的儿童会对控制变量的概念表现出更强、更清晰的理解。这些事实强调了自由时间和自主性在学习过程中的重要作用(Kuhn & Ho,1980;Kuhn et al.,2008)。

许多关于自由游戏的研究也表明，儿童在这种游戏中会表现出几种关键的高阶思维。以反事实思维的获得为例——这是受过教育的头脑的关键。当科学家、历史学家以及商业分析师根据不同的事实考虑不同的结果时，这种思维都会参与其中。例如，历史学家可能会思考，如果亨利八世娶的是玛丽·博林（Mary Boleyn）而不是她的妹妹安妮，现代基督教会发生什么。再举一个特别著名的例子，如果伽利略（Galileo）没有仔细想过，如果一个人可以把除了重力以外的所有物理力从环境中移除，那么在这样的环境中扔下一个物体会发生什么，可能他就不会做出重要的科学贡献。

19世纪的英国医生约瑟夫·利斯特（Joseph Lister）偶然发现了路易斯·巴斯德（Louis Pasteur）的一篇论文，该论文表明，当细菌存在时，各种有机物质都会发生发酵和腐烂。利斯特由此想到了在手术期间以及术后经常会发生的高感染率。与当时的传统观点（空气中的物质引起了感染）相反，他意识到，罪魁祸首很可能是医生手上和手术工具表面的微生物。在这篇论文中，巴斯德建议通过加热的方式将细菌从组织中分离出来，或者使用可能杀死微生物的化学物质。利斯特开始猜测，如果在手术前使用石炭酸清洗手术设备会发生什么。通过把一些不常被放在一起看待的事实联系起来，他设想了一个从未真正展开过的序列事件，这反过来又导致了一场医学革命。

我们并非天生具有反事实思考的能力。学校也没有正式教授这种能力，尽管对最复杂的学术思想的形成来说它是必不可少的。最近的研究表明，在假装游戏中，这种思维方式能够自发地出现（Harris, 2000）。具体来说，当儿童在表演场景下，在使用一些小的人偶玩具扮演戏剧角色时，或者是在创编故事以配合积木搭建时，他们通常就会采用这种反事实思维进行思考（例如，让我们假设超人没有披风——他就会摔下来，而超女就会去救他）。换句话说，游戏引导他们思考，如果情况不同，事情会怎样。当儿童有时间追求自己的兴趣爱好时，他们的智力可能会得到有价值的发展，而这只是其中一个例子，尽管它很有说服力。但本书并不是关于游戏的，而是关于好奇心的——它是当儿童有时间游戏时，所培养出来的一种性格。这一论点并不是说游戏对于儿童产生好奇心或追求好奇心是必要的，而是说好奇心似乎也能从那些助长游戏（这是一种对其他核心智力发展来说至关重要的活动）的条件中受益。

近几年来，教育的重心发生了明显的转变——从重视自由时间和自我引导的活动，转向强调教育儿童学会自我控制，以及为明确的学业目标努力的重要性，这源于行为主义。斯金纳[1]（Skinner）等人的研究成果向研究人员和教育工作者提出了这样的建议：通过采用奖励和惩罚的方式，可以教会儿童坐在座位上，想被提问时举手，长时间坚持一项任务，努力从事富有挑战性的工作等。在过去10年左右的时间里，这种模式以一种略有不同的伪装形式重新出现，其中包括对于儿童"执行控制功能"的关注。其核心思想是，有一系列的能力控制着儿童，以避免分心，专注于某项任务、控制冲动和坚持面对挑战。其实，大多数执行控制模式的关键是自律。

当儿童无法控制自己的双脚，无法抵挡小小的诱惑，无法专注于手头的任务时，随着年龄的增长，他们在学校的表现可能会越来越差。西布莉·雷弗（Cybele Raver，2011）及其同事认为，当儿童接受更多的自律训练时，他们会变得更好，在学校的表现也会更好。安杰拉·达克沃斯（Angela Duckworth）及其同事也投入了大量精力，寻找能够训练儿童提高自我控制能力、改善学业前景的方法（Duckworth，Tsukayama，& May，2010）。然

---

[1] 美国心理学家，新行为主义学习理论的创始人。——译者注

而，具有讽刺意味的是，他们的研究表明，自我控制来自他人的投入。但温迪·格罗尔尼克和理查德·瑞安（Wendy Grolnick & Richard Ryan，1987）所开展的一项研究，早在雷弗和达克沃斯的研究之前就强调，自主性就是这样一种执行控制功能。他们让五年级的学生学习社会研究书籍中有关耕作方法历史的一篇文章。在第一种情况下，儿童被告知他们会被测试这篇文章的内容，并被敦促尽可能努力地学习，因为他们的表现将被打分。在第二种情况下，儿童被告知他们会被问到有关这篇文章的问题，但这并不是一个测试，他们应该以自己认为最好的方式来阅读这篇文章。在第三种情况下，儿童只是被给予这篇文章，然后被告知之后会被问一些问题。在第二种情况下（有指导/非控制）和第三种情况下（无指导）的儿童对这项活动和这篇阅读材料表现出了更大的兴趣，而且对于这篇阅读材料表现出了更强的概念理解能力。因此，格罗尔尼克和瑞安认为，自主性和自由意识能够强化学习。所以，看起来，如果想让儿童发展自我控制能力，就需要给予他们一些自主权。

2013年，黛安·索耶（Diane Sawyer）在接受采访时谈到是什么促使她成为一名记者时，她说："我们生活在一个各种故事同时发生的世界里，有6个月之前的故事，也有一些穿过火线的故事，所以我们生活在一个三维的，而且不会停止的时空中——这也是一天中最美妙的部分。它让人肾上腺素激增，肾上腺素让人上瘾，这也就是为什么我们会在那里——我们喜欢它，需要它，想要了解它。"然后采访者问她，如果没有成为一名记者，那么可能会选择什么职业。"我想我可能在漫游世界，寻找答案。我不会像现在这样被束缚在任何事情上，但我会在那里问问题……我小时候很喜欢迷路……我走出去只是为了看看会发生什么。"

给儿童一个指导自己学习的机会，似乎也有助于他们吸收、理解和保留各种信息和技能。伊丽莎白·博纳维茨（Elizabeth Bonawitz，2011）及其同事让学龄前儿童探索一个复杂而有趣的装置。当成人通过向他们提供有关这个装置的信息来解释它是如何工作的时候，儿童就不太可能完全独立地探索这个装置。他们将这种现象描述为"教学的双刃剑"，认为教学可能会限制探索。在另一项证明自主探索价值的研究中，玛丽琳·阿尔农和芭芭拉·格拉博夫斯基（Marylyn Arnone & Barbara Grabowski，1992）给一年级的学生一个虚拟参观艺术博物馆的机会。但研究人员改变了儿童获得的自由度和成人建议的数量。随后，当他们测试儿童对于所看到的艺术知识的掌握情况时，有一定自主性的儿童比完全被控制的儿童对艺术和所看到的特定事物有更多的了解。此外，自主性更强的儿童会表现出更多的好奇心，这表现在他们对一件新艺术品的兴趣、花在该艺术品上的时间以及所提出的问题的数量上。不用说，好奇需要坚持不懈的毅力。那些能够充分利用机会独立工作（决定哪些问题需要解决，哪些问题需要关注）的儿童，他们能够保持专注、坚持一个问题，并计划如何解决让他们感兴趣的问题。换句话说，在最好的情况下，自主性和自我调节是齐头并进的。但是在真实的教室场景中，每一位教师都必须弄清楚如何平衡两者。如果一个学生似乎没有很大的毅力、专注力或自控能力，教师就必须决定是给他更多的自主权让他有机会发展自控能力，还是让自主性成为自控能力的奖励。安吉莉·利拉德（Angeline Lillard，2008）在她所著的一部有关蒙台梭利方法背后的心理学的著作中指出，蒙台梭利课堂的许多特点是为培养儿童独立解决问题的性格和技能打下基础的。随着年龄的增长，儿童会需要更多的时间来指导自己的智力追求。

在对居住在芝加哥的青少年所开展的研究中，米哈里·契克森米哈（Mihaly Csikszentmihalyi，1984）和里德·拉尔森给青少年被试发了传呼机和日记，用来记录在一天中传呼机响起的随机时间点里他们的行为、同伴、行踪、想法和感受。这项研究戏剧性地揭示了青少年的内心生活，并展示他们的情绪和想法与他们在哪里、做什么以及和谁在一起的关系。从这些数据得出了两个重要的结论，即青少年在学校的大部分时间里感到枯燥和心不在焉。这种普遍的倦怠感有一个例外，那就是当他们觉得自己对于所学的东西有一些选择和自主权时。虽然很多人表示不喜欢独处，但事实上，那些花了大量时间独处的人往往会茁壮成长——他们会对各种各样的探索充满热情，感觉自己在与别人交往，还能感到成就感。不幸的是，我们没有关于年幼儿童的类似数据。然而，如果把上述发现与那些表明自由游戏能够促进各种思维发展的研究结合起来，就会很清楚地发现，独处时间、自主性或自由对于探究的发展和激发这种探究的兴趣是非常有价值的。

很多年前，我全职教二年级。当看着班级中的学生以及那些年龄稍微小点和稍微大点的隔壁班级的学生时，我开始感受到，儿童在学校里对材料和空间的使用方式有很大的不同。我想知道，是否存在不同的使用方式，以及是否某些使用方式会引发更多的智力投入和更独特的工作（写作、艺术、数学项目等）。我分别选择成绩中等的3个女孩和3个男孩，然后选择一年中的5个不同时间段，每个时间段连续3天每天3小时对每个儿童的活动进行记录。其中4个儿童比较相似——有条不紊地遵循老师的规则和计划，在完成一件事情之后再开始另一件事情，总体上符合期望和规范。然而，其他两个儿童的活动方式比较古怪，他们经常在开始某些事情之后，再把它们放下，还会时不时地穿过房间，只为看看窗外，或者是看看其他学生在做什么。在小组活动中，这两个儿童的贡献比较不连贯，他们往往要等上一段时间才能帮上忙，而且通常是在剧烈的、短暂爆发的活动中。后来，我为他们制作了当年的作品集。一年之后，我又回去看他们制作的类似的作品集，我发现，在课堂上遵循更为独特的活动节奏的那两个儿童，他们的作品也更为独特——书写以及艺术作品更复杂、生动、个性化。一年后，情况依然如此，不仅我这么认为，他们现在的老师也这么认为。当时，我还感兴趣于儿童是如何使用课堂环境的。但现在回想起来，在我看来，我当时所看到的特质可能只是反映了儿童对自主性的更大需求。这两个儿童在教室里学习时，可能更需要自由和独处，或者他们只是声称比其他儿童需要更多的自由和独处。

　　好奇心是一种内在的现象——一种心痒的感觉。但是，它也是一种能够引发行动的感觉（包括思维上的行动）。本书在很大程度上没有关注短暂的好奇心，而是关注持续的好奇心，它随着时间的推移而展开，会导致持续的行动（探究、发现、修正、提问、观察、研究、反思）。当儿童有一些自由时间或独处时间时，这种持续的探究才更有可能发展壮大。本章从一本书开始——因为阅读是人们满足各种智力需求的最容易也最丰富的方式之一。但是阅读需要时间，满足好奇心的阅读来源于自由地阅读自己想要阅读的东西。我阅读《飘》的时间，无论是好是坏，对我智力的发展都至关重要。

第 9 章

培养好奇心

在我 14 岁的时候，我从那所新式学校转到了我母亲和其他人曾经上过的一所当地的公立高中。大人们说，对我来说，最大的障碍将是数学，因为我在之前的学校里所学的数学不太正规。所以，我将跟着一位很凶的老师上九年级的代数课，同时上十年级的其他课程。有人说，我会在麦克马洪夫人的课上遇到麻烦，因为她要求太高、太严格、太凶猛。而其他课程，他们说都很简单：无论是十年级的生物、社会研究、英语，还是法语。结果我发现，数学很简单——我所要做的就是一丝不苟地遵守解题规则。我真正的教育来自生物课。生物课老师麦克唐纳先生在镇上开了一家卖酒的商店，他虽然有点自命不凡，也有点呆板，但看上去还是很和蔼可亲的。

在上课的第一天，他说我们将从研究细胞开始新一年的学习。他拿出课本，解释说我们应该把课本翻到第一章，然后大家一起逐页看一遍。他指着书中一张简图，边走边给这张简图中的每个部分命名：这是细胞核，这是细胞膜，这是线粒体。在头两周的某个时候，我们需要在显微镜下观察细胞。那是我最喜欢的部分。我还记得我对于透过显微镜所看到的东西是多么感兴趣。我喜欢了解细胞的结构，以及它们所做的一些很酷的事情：分裂、相互吸收以及扭动。然后，到了他经常提到的考试时间，我几乎没有参加过考试，所以怀着一种轻松的心态期待着。我喜欢这个主题，喜欢实验室并提了很多的问题。有什么好担心的呢？但结果是，我考试没有及格，我完全被 F[1]

---

[1] 国外考试成绩从低到高依次是 F、E、D、C、B、A，F 是最差成绩，A 是最好成绩。——译者注

搞糊涂了。我走到麦克唐纳先生面前，问他我做错了什么。我解释说，我对细胞真的很感兴趣，我阅读了他提供的所有课外材料，而且我很喜欢我们所做的那些实践活动。"是的，但是你背了那个部分的教科书了吗？""我读了。"我说。他的嘴巴拧成了一团，将脸转向了另一侧："啊，可是你记住了吗？考试是以背诵课本内容为基础的。不要太担心实验，你也真的不需要费心阅读我在课堂上分发的所有课外材料。你只需要知道课本上是怎么说的。如果你能把书中的那些术语和定义背下来，你应该就能通过考试。"在这短短 5 分钟的短暂交流中，我能感觉到自己对科学的热情消失了，就像浴缸底部的水一样。我也记得我当时的失望。与他的建议所引发的沮丧感相比，糟糕的成绩是微不足道的。不用操心那些实验？我的兴趣不重要？只要死记硬背无聊的课本中的那些蠢话？我记得自己当时在想："他真的不太喜欢这些东西，他只是想帮助像我这样的好学生取得我们想要的成绩。但是他并不在乎我是否喜欢生物，也不在乎我是否明白这些东西。"我在那门课程之后所有的考试中都获得了 A^+，但对我来说，那也是生物课的终结。而且在学校里，我再也没有恢复当初那样的兴趣。但幸运的是，多年之后，我通过我的小儿子萨姆获得了第二次机会。

萨姆上大学时，大自然已经成为他生活中很重要的一部分。小时候，他在我们家附近的树林里和池塘边消磨了上百小时。他的保姆对于自然世界非常了解。他们几乎每天都去户外观察、收集以及探索，并且会带着一片有趣的叶子，或者是用叶子带着一只竹节虫回来，他们想看看如果把它放在桌子上会发生什么。萨姆的保姆住在附近的一个农场里，我下班回家不止一次地发现放在厨房桌子上的碗里有羊膀胱或者其他动物器官。当我抗议说信件和食品杂物旁边有一盘血淋淋的纸巾时，我儿子兴冲冲地告诉我："我们在解剖它。"他们也不只是关注这些有吸引力的物品，还喜欢尝试、戳、解构以及测试某些东西。保姆最喜欢说的话就是:"让我们看看,如果我们……会发生什么。"

八年级的时候,当完成了所有的常规课程之后,萨姆开始思考如何打发时间,后来他有了一个想法,那就是对我们家附近的池塘进行一项长达一年的研究。从九月份到第二年的八月份,他每周去那里一两次,记录所能看到的一切——植物的变化,鱼、鸟类和昆虫的习性,以及光线和天气的情况等。每次观察结束后回到家,他就会在网上和书上查找资料,这样他不仅可以记录他自己所看到的东西,还可以记录别人告诉他的东西。在高中的时候,他得到一笔经费来研究石蛾幼虫;他在我家的地下室建了一个实验室,并写了一篇关于幼虫之间是如何影响彼此的"房屋建造"技术的论文。到了申请大学的时候,他选择了一所在生物科学领域享有盛誉的大学,似乎走上了他为自己所设定的道路。

随着知识和技能的逐渐丰富,他对于日常的科学工作以及周围的一切不再感到眼花缭乱。大学二年级结束时,他在暑假到另一所大学去做一项有关单细胞生物中利他主义进化的实验。这项实验的数据可以让他写篇论文,但这对他来说并非是件容易的事。他需要在一座一个人都不认识的城市里,独自住在一间没有家具只有一个卧室的公寓里。在美国最危险的城市排名中,这座城市排第二。他被告知不能开车经过某些街区,因为那里爆发了许多帮派暴力。那里一年中有很多天温度都能达到39℃。他经常一天工作14小时,制作玻片、在微生物身上操作微小的工具,同样的程序一次又一次地在一个又一个标本上进行。在一天的工作结束之后,他会回到位于镇上某个毫无生气的区域的单调公寓里,把黑豆加热了作为晚餐。我能从他的声音中听出他对于科学研究生活越来越多的怀疑。在他看来,他所遇到的那些研究生似乎都是些书呆子和古怪的人——不是他自己那种人,也不是他想成为的那种人。那年夏天的某个时候，他读了哈佛大学一位年轻的计算机科学家在《科学美国人》(Scientific American)杂志上发表的一篇文章。在这篇文章中，她解释了如何在职前几年里安排自己的生活。他告诉我，他是多么讨厌这篇文章，这篇文章让学术生活听起来很可怕，从他的声音中流露出了一种厌恶感。我能听到他对科学的热爱正在逐渐消退，而他对于学术生涯体系结构的怀疑却与日俱增。与此同时，当这个项目进行到第三周时，整整一批的阿米巴原虫，也就是他告诉我说代表着"原型"的那种虫子死了。这就意味着，他可能得重新开始。连续三周不间断的工作全白费了，他似乎要放弃生物学了。

后来，在他开展这项研究四周之后的某一天，他打电话告诉我，他要去实验室——数一数死去的阿米巴原虫的数量，看一看他的实验结果是什么。他的声音中带着一种我已经很久没有听到过的期待感。他说："我很兴奋，我要查清楚到底发生了什么，我迫不及待地想要知道发生了什么。"

这种计数（在采用三种不同方法准备的数百张玻片上有数百只阿米巴原虫）是一项烦琐的、细致的、严谨的工作，同时也是一项需要花费数小时的无聊的工作。就像威尔逊所说的："要成为一名科学家，你必须要像诗人一样思考，像会计员一样工作。"

5小时之后，我的电话铃响了。"极好的数据！太酷了。没作弊的人抵制作弊的人。"他的声音带着一种清澈而轻松的语调。还有一些别的东西，一些新的活力和投入感。他对不同种类的阿米巴原虫以及它们本可以做什么、已经做了什么、在接下来的实验中可能会做什么进行了长篇详细的解释。好奇心被压抑之后又被重新激发了出来。那段经历——持续且高要求的工作，真正重要的问题以及他可能得到答案的真正不确定性——这些都是激发萨姆重拾对于科学的热情的必要因素。

拥抱不确定性

本书所描述的研究表明，好奇心在婴儿身上几乎是普遍存在的，而且至少在我们的文化中，好奇心一直在推动儿童的智力发展，贯穿整个童年时期。然而在幼儿期之外，它的命运在很大程度上取决于围绕和塑造儿童日常生活的人和经历。虽然在某些情况下，问太多的问题或太执着于探究是不好的，但在饥饿的头脑和受过教育的头脑之间有明显的经验联系。鼓励儿童问问题和探究的文化也倾向于强调正规教育。即使是在美国，也只有受过教育的家长才更有可能培养儿童的探究能力。换句话说，好奇心的培养与我们的社会所重视和依赖的教育是相辅相成的。此外，研究表明，好奇心是学习的重要因素——当儿童的好奇心被激发时，他们会学得更好。对短时期内的学习来说如此，对长时期的学习来说亦是如此。因此，任何一所以帮助儿童理解由思想和信息所组成的复杂世界为目标的学校，都将受益于好奇心的巨大力量。

不幸的是，学校并不总是，或者说并不经常培养儿童的好奇心，虽然事实是，好奇心改变了教育过程，使大多数儿童的学习变得生动活泼，而且增加了任何一个儿童成长为具有好奇心的成人的机会。虽然相关研究已经帮助我们确定了好奇心的心理基础，但将这些发现应用到真实的课堂中说起来容易做起来却很难。技能娴熟、善良的老师渴望让学习变得生动、吸引人，但往往错过了激发学生好奇心的关键时刻。

2008年，我用好几个月观察了一位高中生物老师——霍恩女士。在1月份的时候，霍恩女士在生物学课上向即将进入大学的学生宣布，他们已经掌握了必要的课程内容，现在准备好进行这门课的一项关键实验——测量植物是否会消耗二氧化碳。学生们很开心可以进行实验项目，而且已经理解了基本的概念——在有植物的情况下，二氧化碳会从空气中消失。学生们以小组为单位进行实验，他们小心翼翼地将一小块活的植物放入第一个试管中，而在第二个和第三个试管中不放任何植物。然后，每个小组将规定量的液体颜料依次滴入三个试管之中。在二氧化碳存在的环境下，颜料会变成黄色，但如果不存在二氧化碳，颜料会变成蓝色。为了有一个基准，全班学生制作了一套未密封的试管，为了能够更好地测量，每个小组的一名学生都要向试管中吹一口气，以确保试管中的颜料暴露在大量的二氧化碳中。他们密封了第二组只含有液体颜料的试管，以及第三组含有液体颜料和一些植物的试管。接下来，他们小心翼翼地把试管放在架子上离开教室。当他们走出去的时候，老师向他们保证，当他们回来的时候，他们将能够亲眼看到植物对二氧化碳的吸收。

第二天，当他们返回科学实验室看结果时发现，正如所预料的那样，没有密封的且他们往里面吹气的试管中的颜料变成了黄色。因为人类的呼吸中含有大量的二氧化碳，所以里面的颜料发生了他们预期的变化。没有植物的密封试管中的颜料变成了黄绿色，因为试管中含有少量的二氧化碳。接下来，老师和学生们将注意力转向那个密封且装有植物的试管。从理论上说，这些植物应该已经消耗了试管中的二氧化碳，里面的液体颜料应该变成蓝色。但是相反，这个试管中的液体颜料与其他试管中的液体颜料呈相同的黄绿色，几乎没有什么差别。霍恩女士转向学生问："所以，同学们，这告诉了我们什么？为什么第三个试管中的颜料没有像我们预期的那样变成蓝色？"班级里成绩比较好的一个学生举起手说："我想我们出了差错。"霍恩女士赞许地笑了笑说："完全正确。一定是在我们准备混合物或密封试管的时候出了什么问题。"但这时另外一个学生也举起了手，他说："但如果我们没有出错呢？如果我们的预测是错误的呢？"霍恩女士看上去有些惊讶。这时班里最优秀的学生说："不会，斯蒂芬。我们的预测不可能出错。正如你在课本上所读到的，植物用二氧化碳来制造氧气。将植物放在液体中，本就应该消耗二氧化碳的混合物。颜料应该变成蓝色。"但斯蒂芬很固执地说："当然，有可能是我们出了差错，但也有可能我们没有出错。因为另外一个可能的结论是，植物实际上不会消耗二氧化碳。也许我们的实验就是支持这一结论的证据。这是可能的，对吧？这不就是人们做实验的原因吗？因为你得到的结果可能会改变你的理论？""不，"霍恩女士非常坚定地说，"我们知道植物会消耗二氧化碳，这是写在教科书里的。我们只是在准备实验的时候出了错。"

在一次有效的对话中，霍恩女士展示了教师如何在让一节课富有挑战性、主动性和参与性的同时，绕开那些对深度学习来说至关重要的感受和想法。这些感受和想法具有不确定性。大多数学生都没有被教导去喜欢这种感觉，或者将这种感觉当作出发点。在大多数情况下，教师倾向于避免不确定性，至少在课堂上是这样。即使是在学术工作中欢迎它的大学老师们，在学生面前也会很谨慎地提及它。

几年前的一天，在我努力弄清楚所收集到的一些数据时，我的大学心理学教授对我说："拥抱不确定性，避免混乱性。"这个想法立即在我的脑海中刻下烙印。我觉得我完全明白她在说什么——现实很少是有序的、简单的或清晰的，最丰富的解释来自承认人类行为的混乱性，以及科学过程的不确定性。几年以后，我在威廉姆斯学院任教的第一年，我和几位同事站在走廊里聊天，讨论做些什么来帮助心理学专业的学生认识到，最有趣的话题并没有简单的答案或明确的答案，数据可能是矛盾的，有时事实令人难以捉摸。很久以前，我的大学教授所说的那句智慧之言，就像一块小小的霓虹灯一样在我的脑海里闪烁。我说:"是的,我们希望他们能拥抱不确定性,但是避免混乱性。"我的那位老同事的脸因为惊讶和反感而僵住了。她在走廊上偷偷地四下张望:"天哪,千万别让学生听到你说的这些话,你只会把他们搞糊涂。"许多老师和我的这位同事有着同样的想法,他们也做过霍恩女士那天在实验室里所做的事。他们不鼓励不确定性,而是强调自己所知道的东西,或者是觉得学生应该知道的东西。他们更愿意鼓励学生学习可靠的信息,而不是探索他们自己都不知道答案的问题。老师们并没有把学校作为一个规范与扩展儿童对于未知和不确定性事物的热情的地方,而是倾向于压制他们的好奇心。他们这样做不是出于卑鄙或心胸狭窄,只是为了确保儿童掌握一定的技能和既定的事实。虽然强调获取知识是有道理的,但是阻止儿童获得新知识的倾向,就是在浪费儿童最强大的学习工具。

虽然没有老师会希望学生永远充满困惑,但将好奇心置于课堂中心的第一步是帮助学生认识到,对未知的事物,至少暂时未知的事物要心态平和。未知所带来的快乐和饥饿所带来的快乐是相似的。当知道很快就能吃到好吃的食物时,饥饿的感觉最好。未知就像饥饿一样,当你没有吃饱的时候,就会感觉很糟糕。这个食物的比喻很值得推广,因为它能为老师们提供一些启示。想象一下你很担心,因为你的孩子没有吃东西,或者没有吃你认为对她最好的那些东西。你可以像很多父母所做的那样:给她一块饼干作为吃西蓝花的奖励;或者是在她吃了你禁止她吃的巧克力时警告她,不允许她在那天晚上看电视;你还可以告诉她,盘子里的每样食物她都要吃上三口才能离开桌子。这些与每天在教室里所使用的许多技巧相似。学习会得到奖励,学习失败会受到惩罚,而坚持不懈似乎是有效的学习技巧。但实际上,当成人给儿童提供他们喜欢的健康食物(甜甜的西瓜、不是糊状的苹果,以及生胡萝卜而不是煮过头的豌豆)时,他们就会喜欢它。研究表明，被给予新鲜可口食物的儿童会比被简单地训练着吃完菠菜的儿童更有可能养成良好的饮食习惯。因为好奇心在许多方面像一种"食欲"，所以这个类比是很有效的。与其管教儿童学习，为什么不创造条件让儿童真正渴望知识呢？

虽然学习和快乐很少被视为"合作伙伴"，但事实上它们是同时发生的。在《学习之烛中的灯芯》(The Wick in the Candle of Learning，Kang et al., 2009) 这篇很重要的论文中，研究者表明，当被试遇到自己一直很好奇的问题的答案时，他们大脑尾状区域的活动就会增加，而这一区域通常是在人们预期得到奖励时才会被激活。换句话说，现在有证据表明，当人们的好奇心得到满足时，他们会感到快乐。此外，在同一项研究中，研究者还表明，当被试感觉有些不确定的问题被给出正确的答案时，他们大脑的记忆区域就会被激活。由此，论文的作者们得出了结论，即当人们对信息的兴趣被激发时，他们对这些信息的记忆就会增强。换句话说，当学习的内容满足了学习者的好奇心时，学习的感觉就会变得很好，而且这种学习往往也能持续下去。

我的儿子萨姆渴望去实验室数阿米巴原虫的那天，他所感受的那种不确定感和惊讶感并非是随机的，也不是轻率的。这是年轻人的一种成熟的、有点正式的、自由的且更具发散性的好奇心类型。但是，儿童并不会简单地从年轻时那种对于经验的渴望跃升到有意识的形式，就像在一项好的生物实验中所体现出来的那样。这个过程需要时间，而且可以在学校培养。

建立在悬念之上的课程

在西格老师任教的四年级教室里充满了彬彬有礼的活动。当我第一次见到她的时候，她已经在那所农村学校从教 24 年。那里 40% 的儿童生活在贫困线以下，只有 20% 的学生家长有大学学历。与许多优秀的老师一样，她也不清楚自己是如何获得那些令自己变得优秀的不同技能的。更让人难以捉摸的是，她是如何将这些技能如此无缝地连接在一起的，以至于在她每天与学生们的两百多次的不期而遇中，有些矛盾的行为会如此有力而有效地融合在一起。她热情而耐心，从不提高嗓门。然而，她也非常坚定，她的班级是最少爆发失控或粗鲁行为的班级之一。她往往会引起最聪明、成绩最好的学生的好感，但那些有很大学习困难的儿童似乎也能在她的照顾下茁壮成长。她每年都会与班级里的每个学生建立密切的个人联系，但在她的班级里，观察者甚至无法分辨出她最喜欢哪个学生。

西格老师最喜欢而且教得也最成功的科目是文学。年复一年，家长、学生、管理人员和其他老师都在赞叹她那不可思议的能力，她能让这么多学生爱上阅读，并习惯于写作。在我与她的多次交谈中以及我对于她教学的多次观察中，很容易看出，这在很大程度上源于她对书籍和伟大作品的热爱。她喜欢文字并希望学生也能如此。她带来了数量繁多的文学作品，如兰斯顿·休斯[1]（Langston Hughes）、艾萨克·辛格[2]（Issac Singer）、薇拉·凯瑟[3]（Willa Cather）等人的作品，而且几乎每天她都会大声地给学生朗读这些作品，以确保所有的学生在任何时候都有一本自己感兴趣的书，同时她还安排了大量的时间让学生写作和改编。

但是，当《不让一个孩子掉队》法案在她所在的地区落地之后，她发现自己那种充满活力的写作方式被削弱了。日复一日，她感到不得不以一种越

---

[1] 美国黑人诗人，"哈莱姆文艺复兴"的领袖。——译者注
[2] 美国犹太作家，被称为 20 世纪"短篇小说大师"。——译者注
[3] 美国作家，其作品被誉为美国文学中的"珍珠"。——译者注

来越枯燥的、有点机械的方式——利用认识名词、练习主题句以及无休止地练习词汇的作业单来教学生学习特定技能。她开始感觉到，当学生学习一些有价值的信息时，当他们在一些特定的写作技巧上变得更加熟练时，问题的核心——阅读和写作行为却已经倒退了。

　　她过去一直要求学生每天写作，但在最近几年，在教学中采用某些材料的压力让她陷入了困境。她说，她给学生布置的任务越来越具有说教性和指导性，而学生们似乎也越来越不喜欢写作。在许多方面，写作已经失去了它的重要性。

　　一天下午，她坐在那里和一位同事谈论她对于写作已经变成一件苦差事的沮丧。同事笑着说："你想要让学生喜欢写作？那你需要一个魔法。"但是西格老师知道好的教学不是魔法。就在这时，一幅有趣的画面出现在她的脑海里。她看到自己每天早上都拿着一顶黑色的礼帽走进教室，想象着每天早上邀请一个不同的学生从帽子里抽出一份作业。在她的脑海中，她能看到学生们的兴奋，他们渴望知道会抽到什么。就在这时，她用教学计划取代了那幅诱人的画面。她意识到，如果学生们不再热衷于写作，她就必须通过将戏剧纳入日常生活的方式来重新激发他们对于写作的热情。如果她每天都能从礼帽里变出一项任务会发生什么呢？学生们难道不想知道他们的任务是什么吗？如果她让学生们想出一大堆写作提示放进礼帽，然后每天早上再请一位学生从这些提示中抽取一个会发生什么呢？她搜遍了当地的旧货商店，终于找到一顶大礼帽。她的悬念式写作计划正在进行中。

　　在她开始使用那顶黑色礼帽几周之后，我到她的班级观察，我注意到学生们对于每天早上会出现什么任务而感到惊讶和不确定，这似乎给了他们一个推动力。原本可预见的事情变得神秘起来。不过，如果这些提示本身不是那么丰富多彩、生动活泼，我想恐怕不会奏效。因为有 24 名学生共同负责写这些提示，所以它们不会很单调，而且许多提示似乎都是为10岁的儿童设计的（例如，其中一个学生写的是"写一篇文章让西格老师明白，为什么我们每个星期五都要办聚会"，另一个学生写的是"我做过的最可怕的梦"）。

研究人员早就知道，在课堂上引入戏剧感和惊喜感可以改变学习活动（Stevenson et al.，1990）。施蒂格勒和史蒂文森在解释为什么亚洲儿童的学业表现比同龄的美国儿童要好得多时，详细描述了日本老师是如何打造学习体验的。在他们的论文《亚洲教师如何将每一堂课都打磨到完美》中，他们描述了一节很特别的课，一位日本的小学教师拿着一个牛皮纸袋走进教室，她默默地从袋子里拿出各种各样的容器开始上课。这节课是关于体积的测量。但作者们认为，这节课成功的关键是她开始的方式——带有戏剧性和神秘感。她确信学生们都很好奇。首先，他们想知道袋子里装的是什么。然后，他们想知道老师所提出的问题（如何测量各种容器的体积）的答案。这节课的顺序并非直接或不言而喻——惊喜和迂回包含其中。作者将这种戏剧手法的使用与亚洲教师在一些看似平淡无奇的话题（如测量）上的成功联系起来。

在年底的时候，西格老师告诉我，她似乎已经使写作项目回到了正轨。学生们每天都急切地想要写作，他们不仅不确定任务是什么，也不确定自己能写出什么。这个故事提醒我们，挖掘儿童天生的好奇心不需要局限于科学角。儿童对于求知的需要可以在写作、阅读、对生活于其他时代和其他地方的人的研究中，以及数学活动中得到培养。创造强调意料之外情况的课程只是教师培养好奇心的一种方法。等儿童上了学之后，最初无处不在的好奇心可能会形成一种倾向——求知和满足饥饿心灵的习惯。那么，教师如何才能帮助儿童形成这样的倾向呢？

教师如何培养学生的好奇心

首先,教师需要通过鼓励儿童讨论来做到这一点。正如我在第 3 章所表明的,儿童是天生的对话者——问问题是他们解决问题的最佳工具之一。当然,成人并不总是想鼓励探究,而且在问问题的实用性、礼貌性和价值性方面也有很多文化差异。但正如我在本书试图证明的那样,大量的证据表明,在我们这种重视正规教育、科学知识、识字、发明和思想交流的文化中,问题是教育过程中的一个关键因素(Harris,2012;Gauvain, Munroe, & Beebe, 2013; Snow, 2010)。然而不用说,当你和一两个儿童在家里时,回答他们很多的问题比鼓励他们追问一连串的问题直到他们满意为止要容易得多。而当你在一个班级里管理 24 个儿童的时候,鼓励这样的谈话又是另一个挑战。但这也是可以做到的。

几年前,我用了一些时间观察教师 B 女士,她在一所学校工作,那所学校里的学生年龄跨度很大。她的 14 个学生 6—11 岁不等。她是个健谈的人,也是个酷爱读书的人。学校里的所有教职员工都相信,对话是所有优质课堂的核心组成部分。在她的班级中,有些对话是有计划地发生的(例如,关于报纸文章的日常讨论,关于学生正在阅读的书籍的定期圆桌讨论)。但她也敏锐地注意到了学生们散乱的讨论,这些讨论可能会发展出更多的东西。有一天早上,当我在观察的时候,她班级里一个 8 岁的小男孩俯身对另一个小男孩说:"当你死的时候,你就会下地狱。我们都会下地狱。"另一个小男孩睁大了眼睛,然后平静而又充满愤怒地说:"我不会,你才会,我会去教堂的。"B 女士一定听到了他们的对话,虽然当时她正在和另一组学生坐在另一张桌子旁边。"莫里,你刚才告诉泽克他会下地狱吗?"莫里看起来有点害羞。虽然他的评论只针对泽克一个人,但B女士认为这是一个千载难逢的机会。"太有趣了,记得上周我给你们读过弥尔顿的《失乐园》(*Paradise Lost*, Milton)。莫里,当你跟泽克那么说时,你认为地狱会是什么样子的?"莫里似乎被她的问题问住了,泽克更是如此。每个人都凑过去听莫里会说些什么。"它可能很黑,也很冷。""不是,"泽克说,"地狱里非常炎热。""你怎么知道?"B女士问。她班上的学生们都知道这不是一项挑战,而是一个真正的问题。莉迪亚回答说:"因为我在图片上看到过,图片上有火焰。"对话持续了28个回合,共包含5个学生的问题,这远远超过了大多数班级里所记录的提问频率。

创造友好的对话环境要从注意儿童的对话开始。在薇薇安·佩利(Vivian Paley,1984/2013)的作品中,这种不引人注目但却十分协调的例子比比皆是。所有老师都能注意到这些对话,并以它们为线索构建友好的对话环境。下面一组对话是发生在同一天中一个5岁儿童的教室里。

埃莉、米里亚姆和图瓦三个女孩正在沙箱里玩。她们正在玩一个游戏,轮流用沙子"掩埋"对方,后来发展到把各种各样的玩具埋在沙子里。毫无疑问,埃莉是这个游戏的领导者,她似乎很喜欢指导别人,另外两个女孩则根据她的指导来玩。

埃莉:你们需要……需要……需要把它挖出来!

米里亚姆:图瓦,轮到你来挖了!

埃莉:你们能帮我挖出来吗?

埃莉将一辆玩具小卡车埋进沙子里后离开沙箱区。

图瓦:埃莉,你必须在离开之前把它挖出来!

埃莉:为什么?

图瓦：因为如果你把它埋起后不管，它就会一直被埋着，你只能在春天才能把它找回来。

埃莉：为什么不能早点？

图瓦：因为在冬天，它会和雪一起被冻起来，所以你只能在春天万物消融的时候才能把它拿回来。

这段对话引发了有关最喜欢的季节的讨论。

图瓦：我喜欢冬天和夏天。

埃莉：你为什么喜欢冬天？在冬天我们都不能到外面去玩！

图瓦：因为在冬天我就可以吃雪啦！

米里亚姆：你后来会把雪尿出来吗？

图瓦：我猜会的。

在这些对话中，三个女孩对如何使用"挖出"这个词，以及挖出的各种各样的事物的可能性表现出了极大的兴趣。她们的兴趣也让她们想到了一系列关于冬天的问题，而这些问题又反过来引出了另一个问题，吃了雪之后会怎么样。三个女孩很善于询问和接收信息。有经验的老师在听了这段对话之后，可以更加了解这些女孩独特的好奇心。注意儿童所问的问题，以及那些能够引起他们兴趣的事情，并不需要把他们引向特定的课程。相反，通过注意儿童对什么特别感兴趣，以及他们如何表达好奇心，老师们就可以鼓励他们的好奇心，而不需要刻意改变引入课堂的活动。

当作家斯蒂芬·金（Stephen King）的三个孩子还小的时候，他会给他们讲睡前故事，但却不是以常规的方式。他和同是小说家的妻子塔比莎

（Tabitha）是让孩子们给他们讲故事。在斯蒂芬的三个孩子中，现在有两个已经是出版作家。我们不清楚睡前的故事时间是否是小斯蒂芬们成为作家的关键，但斯蒂芬讲故事的习惯确实说明了一种在任何教育环境中几乎都被遗忘了的观念：真正影响儿童智力发展的，不是大人对儿童做了什么（问问题、呈现活动、给出测试、传递知识），而是儿童自己做了什么。杰罗姆·布鲁纳和安·布朗（Ann Brown）把这称为能动性（agency）——儿童采取行动、指导和监督自己的学习以及决定学习什么、如何学习的能力。这种能力常常被误解。教育者们认为，只要儿童站起来、四处走动、操作物体、做事情、做"项目"，他们就参与了"主动学习"，这会给他们提供一种能动性。但这并不是布鲁纳或布朗的意思，在他们的观念中，能动性是一种与思考自己的学习有关的心理状态。

最能体现这种智力上的能动性的例子就是那些主动求知的儿童，他们知道自己想要了解什么，并思考如何充分满足这种好奇心。能动性还涉及问题何时得到回答的意识。所有这些都是从儿童而不是从成人问问题开始的。就像斯蒂芬的孩子们自己讲故事一样，在最好的班级里，学生们也在问问题。

但是，老师们确实可以更加有意识地、具体地鼓励和扩展学生们的思考和问题。例如，下面这段 5 岁小女孩林迪和老师戴维之间的对话。林迪刚刚在沙箱里玩游戏，她正在擦去身上的沙子，这样她就可以进去吃午饭了。突然，在擦腿的时候她停了下来，仔细看了看。然后，她把老师喊了过来。

林迪：戴维！看，戴维，我的腿像电视上一样发光！

戴维：这是真的。它们闪闪发光！你觉得它们为什么会闪闪发光？

林迪：因为阳光！

戴维：真的吗？我想这可能和你玩的东西有关。

林迪：因为沙子！

戴维：好，让我们看一看。沙子会不会发光？

林迪（观察沙子）：好吧，只有我们没有挖洞的那部分沙子的最上面是发光的。

戴维：真的吗？你为什么这么认为，女士？

林迪：不要叫我女士。

戴维：好吧。你为什么会这么认为，林迪？

林迪：我不知道。我知道了之后告诉你。

在这段对话中，老师巧妙地抓住了儿童的信号（"我的腿像电视上一样发光"），并将其扩展成了一条探究的线索（"你觉得它们为什么会闪闪发光"）。请注意，当她做出错误的猜测（"阳光"）时，他会把她推向正确的答案，但即便如此，他也不是只证实答案（"你是对的"），而是鼓励她用一些数据（"沙子会不会发光"）来验证自己的猜测。他试图更进一步，但在那一刻，她却已经准备好离开了。

自发的、随意的对话只是第一步。到了儿童 10 岁左右的时候，在没有成人引导的情况下构思问题，并在对话的缓冲效应之外寻求答案的能力变得非常宝贵。那么，这两点之间的教育路径是什么？

C 先生是一名刚毕业两年的年轻老师。他身材高大、健硕，充满活力。学生们像往常一样向他涌来，他那略带诙谐的神态使他在一年级的学生面前获得了一种立竿见影的威信，这种威信比一箱金子还要贵重，如果不是天生的，就很难拥有。在这所郊区公立学校任教的第二年年初，他获准在教室里养一条蟒蛇。第二天，他向学生们解释说，他们大概每周都得喂这条蛇一些小的啮齿动物。一个名叫贝丝的小女孩，脸上带着焦虑的神情说："老鼠进入它的体内后会发生什么?""好问题。"C先生说道。"我们怎么才能知道呢?""我们可以喂它一只老鼠,然后把它切开看看。"另一位学生答道。"我们可以这样做,但接下来会发生什么呢?"C先生说道。"鲁弗斯(他们给蛇取的名字)会死。""是的,所以我们还能做些什么呢?"C先生把学生们分成了四组,请他们花一些时间去了解老鼠一旦进入蟒蛇体内会发生什么。然后,他们考虑了每种方法可能产生的结果。最终,这个项目持续了好几天,而且每天他们都会花35分钟。但他们并没有贯彻任何计划,因为经过几天对各种探究方法的讨论之后,他们在网上找到了答案。虽然如此,但学生们在计划如何获得一个难题的答案方面还是上了难忘的、拓展性的一课。这个故事说明了一个很平常但很重要的观点,那就是培养成熟的好奇心需要时间。正如前面的章节所证明的那样,好奇心需要时间来展开,甚至需要更多的时间获得结果。为了帮助儿童保持好奇心,老师们必须愿意花时间这样做。培养好奇心需要时间,也需要浸润。它不能被局限在科学课上。

好的提问可以发生在化学实验室以外的其他所有课堂上。埃里克森女士在马萨诸塞州西部的一个郊区城镇教高中数学。2012年,她被授予数学和科学教学优秀奖。我请她给我讲一讲她最近教得很顺利的一节课。

那是我们第一次探索单位圆。单位圆通常是在几何学或三角学中学习的,因为这些课程他们还没有上过,所以这些对他们来说是新的。我发现,引入新的主题是最容易激发学生好奇心的。一旦某些东西看起来很熟悉,人们就会倾向于把它与已知的东西联系起来。当然,这些联系可能很奇妙,但有时候学生们认为他们应该找到某种联系或公式,以至于失去了探究的意识,从而陷入了试图找到正确答案的过程中。

三角学中的许多主题都可以通过研究一个沿着单位圆做圆周运动的点来

建立模型。单位圆的半径为一个单位，以圆点为中心。圆点从坐标（1，0）开始，即钟表上三点钟的位置，逆时针方向移动。在没有告诉学生他们正在研究三角学概念的情况下，我给他们一个在坐标轴上的单位圆，以及沿着这个圆的圆周移动的点的信息。然后，我让他们收集并绘制这个点在移动时的 x 坐标轴的数据变化。我希望他们能发现这种重复的模式，并将其与他们以前看到的关于平均温度的数据联系起来。

他们确实做了那些观察，但也提出了一些问题，比如：如果我知道后面会发生什么，我还需要继续测量吗？（我的回答是："说服别人你是正确的，而且你还可以使用新的方法。"）有些值是正的，有些值是负的，它们总是保持在 $-1 \sim 1$，那么我们如何改变设置以获得温度的数据值呢？y 坐标轴会发生什么呢？如果这个点绕椭圆而不是圆运动呢？最后一个问题特别令人兴奋，因为它类似于大学数学课程中经常研究的问题。

这个例子中的数学问题，其复杂程度足以引起高中生的疑问。很多时候，数学是作为一套可以得到正确答案的程序来教授的。然而，大多数数学家会说，数学不是一套程序，而是一种思维方式。埃里克森女士的数学知识非常渊博，所以她愿意让学生自己解决复杂的问题，并有信心在他们发现问题和提出问题时给予指导。除此之外，她也不着急。她给了学生们足够的时间来探索问题，并明确表示得到答案并不是最重要的目标。

"充满好奇心的班级"的另一个关键因素是对偶然性、意料之外的见解或意外数据的开放态度。大多数科学家认为，偶然性是优秀研究的重要组成部分（Merton & Barber，2006）。但是，科学家（或学生）必须认识到意外数据的重要性；正如艾伦·鲍迈斯特（Alan Baumeister，2006）所言，必须"睿智"——专注而聪明——地把握机遇。

例如，社会心理学家苏·卡斯恩（Saul Kassin，2013）描述了一个偶然的观察发现，这个发现促使他对虚假供词进行了长达数十年的研究。他一直在研究陪审团的运作方式，并努力保持研究数据的"干净"。他说："很显然，每一例包含供词的案件都产生了一致的定罪投票。这个问题如此明显，为了研究各种心理因素对陪审团判决的影响，我不得不从刺激试验中删去所有与供词有关的内容。在我研究的第一年，我意识到——等待、供词并不是令人讨厌的变量，它们本身就非常重要——顺便说一下，它们真的像我们所认为的那样是绝对可靠的证据吗？"他注意到这样一个小问题，并看到它实际上是一个重要的数据来源，由此引发了他最重要的研究。

罗伯特·默顿和埃莉诺·巴伯（Robert Merton & Elinor Barber）在研究"偶然性"这个词时指出，即使是在科学家当中，关注意外事件的价值也是有争议的。在讲述那段历史时，他们提到了亚历山大·弗莱明（Alexander Fleming）对青霉素的发现，弗莱明本人这样描述："当我在1928年9月28日的清晨醒来时，我当然没打算通过发现世界上第一种抗生素或者说是细菌杀手来彻底改变整个医学……但我想这正是我所做的。"（Haven，1994）

1928年9月3日，弗莱明在经过了一个暑假之后回到实验室。众所周知，他把所有的葡萄球菌培养物都堆放在实验室的一个角落里。当他走过去查看它们时，他注意到其中一种培养物被真菌污染了。而所有靠近它的葡萄球菌菌落也都被破坏了，但离得比较远的菌落没有受到影响。他没有回到原计划要开展的葡萄球菌实验，而是决定继续有意培养霉菌，这导致他最终发现了青霉素（Diggins，2003）。

正如默顿和巴伯所言，光有偶然性是不够的；优秀的科学家会抓住意料之外的发现。为了支持这一观点，他们引用了沃尔特·坎农（Walter Cannon，1945，p.172）对弗莱明的描述："在描述弗莱明发现青霉素的过程中，我们发现，弗莱明得到了一个'富有意义的信号'，当时他正在使用的培养液由于偶然受到霉菌污染而溶解了——一个粗心的人可能会把培养液扔掉——但弗莱明明白了这个信号"。大多数科学家可能都会赞同偶然性是他们工作的关键这一观点。那么，我们如何才能让学生辨别出"富有意义的信号"并从中有所收获呢？在课堂上，如何才能鼓励和适应偶然性以及随之而来的工作呢？

大多数时候，当老师想让学生了解实验室研究方面的东西时，他们会使用一种熟悉的实验，实验的结果几乎是可以确定的。但是，如果愿意冒更大的风险，就有可能更真实地对待事情。在那次谈话之后的几年里，我和那些告诉我好奇心是他们教育目标的老师们达成了共识，那就是应该雇用一位年轻的科学家在小学里建立一间实验室。他们的想法是，真正想要得到科学问题答案的人可能会让学生们充分地参与其中，而学生们可能会通过与科学家一起工作来学习更多关于如何从事科学工作的知识。他们雇用的那位女士刚刚完成生态学学士学位，在进入研究生院之前要休学几年。她想研究有关长岛东端海洋生物的各个方面。在学生们的帮助下，她进行了研究设计、收集和分析数据，并写出了研究结果。在这个过程中，有几个学生提出了自己关于海洋生物学的问题，并以小组为单位进行了实验和研究。他们的问题包括："在我们当地的水域中有什么？""花会在酸的作用下生长吗？""我们能制造生物柴油在学校使用吗？""海滩上有多少垃圾？"以及"咸水池塘中的昆虫数量和类型是否与淡水池塘中的有所不同？"

他们也进行了研究设计、收集和分析数据，并报告了研究结果。这样，科学就成为一种思考和行动的方式，而不是一套有限的知识和程序，若只是知识和程序，它们通常就不会跟随儿童走出科学教室之外。从迪安娜·库恩的研究中我们可以知道，这种学习科学方法的方法虽然有点迂回和耗时，但是更为有效。

关于好奇心的发展，还有很多需要了解的地方，但研究人员已经掌握了足够的知识得出以下结论：学校应该培养儿童的好奇心。此外，这些研究还就如何将好奇心置于课堂的中心提出了宝贵的意见。下面，我提出四种培养和引导儿童好奇心的方法，供教育者参考。

最重要的是，要让班级充满各种各样的复杂性，从而引发探究。教师应为儿童提供有趣的材料，引人注意的细节，适宜的困难。教师不应该向儿童展示简单明了、易于理解的材料，而应该确保学生接触到能够吸引他们并能激发他们好奇心的物体、文本、环境和想法。

对于打造充满好奇心的班级的四点建议

儿童需要接触具有良好语言和复杂人物的书籍、鱼缸、水族箱、复杂的机器和小工具，以及一些看不见和不可见的对话。埃莉诺·达克沃斯在她的著作《精彩观念的诞生：达克沃斯教学论文集》中，对过于整齐有序的教室提出了警告，她指出这样的教室可能无法容纳忙于发展自己想法的儿童。同样的道理，我并不是说儿童或老师会从混乱的环境中受益，而是说他们需要足够的不确定性来激发探究欲望。

从这项研究中得到的第二个观点是，提问可以成为一项教育活动的目标，而不是快乐的副产品。教师可以开展活动，邀请或要求学生找出他们想要了解的东西，然后寻求答案。教师可以采取的一种方法是，鼓励学生利用互联网来提问他们遇到的任何问题——或者在课堂讨论或做作业时遇到的任何问题。搜索引擎可以成为好奇者最好的朋友。例如，在最近某天的下午，我用搜索引擎回答了一系列在活动中出现的意想不到的问题：亨利八世的哪些妻子是在安妮·博林之后的？马苏里拉奶酪是用什么牛奶做的？海得拉巴市[1]是什么样子的？我们可以在网上轻松地查找东西是令人兴奋的——而且它使我们更经常地感受到这种求知的冲动是不错的。儿童需要有机会感受到获得信息和好奇心得到满足时的满足感，即使这种满足感不是来自教师主导的任务，也不是来自能够带来成绩的任务。

另一方面，如果老师只是鼓励学生提问，而不帮助他们寻求准确的答案或获得强大的知识体系，那么教育任务就只完成了一半。在最好的情况下，真正充满好奇心的儿童在好奇心得到满足以前是不会休息的。因此，为了培养学生的好奇心，老师需要给他们时间来寻求答案，也需要给予他们关于获得答案的各种方法性指导，比如在可靠的来源中查找信息或者测试假设。

同样，老师还可以鼓励学生思考他们最初的问题是否得到了满意的回答。这些技术是学者的"面包"和"黄油"，可以使教育过程更形象，而不是更基础。

在我刚开始研究好奇心的时候，我的梦想是提出一种可以用于学校的测量方法。我想，这样一来，老师和管理人员就能知道学校是否鼓励了好奇心。至今我还没有实现这个梦想（尽管目前有几个实验室的研究人员正在尝试开发这类测量方法）。但是老师们不必等待借用我们开发出来的标准化测量方法，他们完全可以使用各种简单的技术了解好奇心是否普遍存在于某间特定的教室中。在改善教育实践方面，鼓励好奇心的最大障碍之一是，好奇心从来不是老师所能测量的东西（相反，可以对词汇量或计算能力进行测量）。如果教育者从来没有评估过儿童身上是否存在好奇心这种品质，那么对他们来说重视这种品质就没有多大意义。在阿图·葛文德（Atul

---

[1] 位于印度中部，是印度第六大城市，特伦甘地邦的首府，以其丰富的历史和建筑、清真教寺、庙宇而著名。——译者注

Gawande）医生具有开创性的著作《医生的精进：从仁心仁术到追求卓越》[1]（*Better: A Surgeon's Notes on Performance*）中，他鼓励医学界的人学会"数算"。他的意思是，对工作场所中发生的事情的因果预感可能会产生误导。这种观点对学校和医院都适用。很少有老师会发现自己在阻挠学生提问，就像很少有家长会发现自己对孩子脾气暴躁一样。即使是在一天结束时最深思熟虑的反思，也不能提供与真实录音相同的信息。精确而有条理的数据收集能让老师们了解到一些与预感相悖的东西。

通过观察自己以及计算学生提出的问题的数量，老师们将看到课堂上有多少提问被表达了出来，也将了解如何回应学生的提问。为此，老师们可以在课堂上用录音的方式记录课程或对话，以便对学生提出的问题进行统计和分类。录像是另一种很好的数据收集工具。老师可能会定期在课堂上拍摄一些活动，然后就个别学生的兴趣水平、遇到材料或物体时所使用的探究姿势的数量，以及每个学生参与某项活动的时长等方面，互相给彼此的学生打分（增加客观性和准确性）。那些将自己与学生的日常工作记录下来的老师，他们可能会在学年结束时翻阅这些记录，看看自己为学生创造了多少机会，使他们能够寻求自己想要了解的东西——以及答案。

在教师有意培养学生好奇心的班级里，教师会在5月份看到比9月份更多的好奇心，能够看到某些学生学会了保持好奇心，另一些学生变得更愿意表达好奇心。

最后，通过简单地计算问题的数量，原本不可见的一部分班级动态就凸显出来了。教师也可以利用这些数据发现个别学生好奇的事情是什么，谁问了很多问题以及谁从来不问问题。通过关注学生所问的问题质量，教师可以

---

[1] 该书的中文简体版由浙江人民出版社于2015年出版。——译者注

了解如何帮助学生提出更好的问题。而且，好奇心的表达可以作为思考新活动或讨论新话题的线索。

这项研究的一个重要发现是，儿童不仅会受到成人对他们所说的话的严重影响，还会受到成人的行为方式的影响。如果学校重视儿童的好奇心，那么他们就需要聘请有好奇心的老师。那些很少好奇的人，他们的好奇心是很难被激发的。很多校长喜欢聘请看起来聪明、喜欢孩子的老师，因为这些老师具有支持学生学业成就的动力。他们知道具有这些品质的老师会培养出具有同样品质的学生。那么，为什么不把好奇心列为优秀教师的首要标准呢？

我们如何判断一个人是否真的具有好奇心呢？教师的求知欲应该表现在其所做的事情或行为方式上。有时候，充满好奇心的教师会做科学研究，或者花很多年研究一些他们个人感兴趣的话题（如蝴蝶或建筑）。有时候，教师的好奇心表现为一种想要更多地了解学生的冲动。通常，幼儿教师之所以出类拔萃，是因为他们对幼儿的早期发展有着永无止境的兴趣。不管怎样，只有那些了解好奇心是什么感觉的教师，才能在培养学生的好奇心方面处于更加有利的位置。

本书以马铃薯甲虫开头，以蚂蚁结尾。在我的大儿子杰克在卫斯理大学读四年级的时候，他和三个朋友住在校外。他的其中一个朋友叫伊恩，他正在写一篇物理学优等论文。在那一年，这四位朋友花了很多时间谈论各自在艺术、政治科学、美国历史以及物理学方面的研究项目，可能还花很多时间做了一些我在这本书里不应该描述的事情。但他们也花了相当多的时间来处理一个很严重的蚂蚁问题。他们所住的那座位于米德尔顿校区边缘区域的房子里到处都是蚂蚁，这四个年轻人似乎无法摆脱它们。有一天，当他们坐在门廊上喝啤酒的时候，又一次谈论到了蚂蚁的问题时，伊恩说："是的，似乎没有人能告诉我这是什么类型的蚂蚁。奇怪的是，当我尝一个的时候，它迸溅出一种黑色的墨汁。"我儿子杰克非常吃惊地放下啤酒瓶说:"什么?'当你尝一个的时候'是什么意思?你把蚂蚁放进了嘴巴里?"伊恩很轻松地回答道:"是的,我把一只蚂蚁放进了嘴巴里,想尝尝它是什么味道,当我咬下去的时候,一种黑色的东西喷了出来。"对伊恩来说,这种不受约束的实验是他的第二天性。但为什么伊恩会成为少数对于知识的渴望依然强烈的幸运儿之一呢?

爱因斯坦说:"好奇心是一棵娇嫩的小植物,除了刺激之外,它还需要自由。"但他只说对了一部分。事实证明,和许多娇嫩的植物一样,好奇心也需要培养才能茁壮成长。

参考文献*

Ainsworth, M. S., and S. Bell. 1970. Attachment, exploration, and separation: Illustrated by the behavior of one-year-olds in a strange situation. *Child Development* 41（1）：49–67.

Alessandri, S. M, M. W. Sullivan, and M. Lewis, 1990. Violation of expectancy and frustration in early infancy. *Developmental Psychology* 26（5）：738.

Alter, A. 2013. The benefits of cognitive disfluency. *Current Directions in Psychological Science* 22（6）：437–442.

Anderson, R. C., P. T. Wilson, and L. G. Fielding, 1988. Growth in reading and how children spend their time outside of school. *Reading Research Quarterly* 23（3）：285–303.

Anglin, J. M. 1977. *Word, Object, and Conceptual Development.* New York：Norton.

Arend, R., F. Gove, and A. Sroufe. 1979. Continuity of individual adaptation from infancy to kindergarten：A predictive study of ego-resiliency and curiosity in preschoolers. *Child Development* 50（4）：950–959.

Arnone, M. P., and Grabowski, B. L.1992. Effects on children's achievement and curiosity of variations in learner control over an interactive video lesson. *Educational Technology Research and Development* 40（1）：15–27.

---

* 为了环保，也为了节省您的购书开支，本书参考文献不在此一一列出。如果您需要完整的参考文献，请通过电子邮箱 1012305542@qq.com 联系下载，或者登录 www.wqedu.com 下载。您在下载中遇到问题，可拨打 010-65181109 咨询。